新时代爱国主义教育丛书

做堪当新时代重任的接班人

第二辑 青年版

- 学习新思想 做好接班人
- 扣好人生第一粒扣子

《做堪当新时代重任的接班人》编写组 ◎ 编

江西人民出版社

《做堪当新时代重任的接班人》编委会

主　任
梁　菁　万　强

副主任
黄心刚

编　委
（以姓氏笔画为序）

万　菊　万　强　王　翱　王志能
王梦琦　王醴頡　尹文旺　匡　正
陈　安　项珺婧　徐梦乔　郭　锐
郭爱英　黄　云　黄心刚　梁　菁
黎志辉　魏如祥

本册撰稿
尹文旺

前 言

少年强则中国强，青年兴则国家兴。

2022年5月10日，习近平总书记在庆祝中国共产主义青年团成立100周年大会上指出："要立足党的事业后继有人这一根本大计，牢牢把握培养社会主义建设者和接班人这个根本任务，引导广大青年在思想洗礼、在实践锻造中不断增强做中国人的志气、骨气、底气，让革命薪火代代相传！"习近平总书记从确保党的事业薪火相传和中华民族永续发展的战略高度，为新时代做好党的少年儿童工作、推动青年运动蓬勃发展指明了前进方向，注入了强大动力。

为深入学习贯彻习近平新时代中国特色社会主义思想和党的二十大精神，贯彻落实《爱国主义教育法》和《新时代爱国主义教育实施纲要》，扎实推进新时代爱国主义教育，同时引导广大青少年更好地了解共青团、少先队的光荣历史，坚定前进信心，立大志、明大德、成大才、担大任，努力成为担当民族复兴大任的时代新人，我们特别策划了新时代爱国主义教育丛书"做堪当新时代重任的接班人"。丛书为不同年龄段读者展示了100多年来中国共产党领导下的共青团和少先队组织的光辉历程、光荣事迹、光彩人物。我们希望本丛书能够成为引导广大青少年树立远大理想、热爱伟大祖国、担当时代责任、勇于砥砺奋斗、练就过硬本领、锤炼品德修为的生动读本,成为激励广大青少年为实现中华民族伟大复兴中国梦而勤奋学习、努力奋斗的动力源泉。

　　青少年朝气蓬勃,是全社会最具活力、最具创造性的群体。"世界是你们的,也是我们的,但是归根结底是你们的,你们青年人朝气蓬勃,正在兴旺时期,好像早晨八九点钟的太阳。希望寄托在你们身上。"60多年前毛泽东同志的激情勉励言犹在耳。在实现中国梦的征途上,新时代的青少年必堪当重任,有所作为,不负时代!

编　者

2023年6月

目 录

第一编　浴血奋战，百折不挠

顾正红　舍生忘死，浩气长存 /2
陈延年　去时少年身，归来英雄魂 /8
顾作霖　投身革命，不负韶华 /14
李才莲　忠魂不泯，百世遗芳 /19
叶　挺　半生戎马，一叶千古 /25
江竹筠　一片丹心，向阳盛开 /31

第二编　自力更生，发愤图强

丁佑君　人民英雄，青年楷模 /38
马万水　矿山铁人，永远争先 /43
杨根思　战火淬炼，高地雄魂 /50
甘祖昌　枪杆见情怀，锄头映初心 /55
陈家楼　一个人，一座城　一群人，一生情 /60
邓稼先　隐秘而伟大，开拓中国核事业 /66

第三编　解放思想，锐意进取

王　选　"当代毕昇" /72

袁守根　"守"望橙缘，"根"植红土 /78

冉绍之　三峡移民的贴心人 /84

方永刚　忠诚党的创新理论的模范教员 /89

丛　飞　赤子大爱，感动中国 /95

白春礼　逆境厚积，顺境薄发 /101

第四编　自信自强，守正创新

景海鹏　奋斗不止，四巡苍穹 /108

王书茂　寸步不让，为国护海 /114

叶　聪　潜入深海，勇攀高峰 /119

赵鹏菲　坚守本心，呵护梦想 /125

甘　霖　中国超算，扬威世界 /131

李建昀　钢铁战士，热血铸魂 /137

苏炳添　奋发冲刺，突破自我 /143

邓小燕　奋斗青春，携农致富 /149

第一编
浴血奋战，百折不挠

习近平总书记在庆祝中国共产党成立100周年大会上指出："一百年前，中国共产党的先驱们创建了中国共产党，形成了坚持真理、坚守理想，践行初心、担当使命，不怕牺牲、英勇斗争，对党忠诚、不负人民的伟大建党精神，这是中国共产党的精神之源。"伟大建党精神凝聚了中国共产党人的初心和使命，激励着中国共产党人不断开拓前行。

回望新民主主义革命时期，中国共产党带领中国人民为实现民族独立、人民解放而不懈奋斗，披荆斩棘、百折不挠。一草一木一忠魂，一山一石一丰碑。无数中华儿女胸怀天下、心系黎民，以满腔报国志，将热血洒在革命斗争当中。正是因为他们有"为有牺牲多壮志，敢教日月换新天"的大无畏气概，我们的事业才能不断走向胜利。"胜利不会向我走来，我必须自己走向胜利"，我们要时刻铭记中国共产党一百多年来的艰辛历程和伟大胜利，英勇斗争，奋勇前进！

顾正红
舍生忘死,浩气长存

 导 语

顾正红(1905—1925),江苏阜宁(今属滨海)人。1921年家乡遇水灾,随母亲流落到上海,先后在上海日商内外棉七厂、九厂当工人。1924年夏,参加了中国共产党在上海举办的工人夜校的学习和沪西工友俱乐部的活动,成了俱乐部的积极分子;1925年2月,参加了工人纠察队和罢工鼓动队,在这场斗争中加入了中国共产党,积极投身罢工运动,很快成长为工人阶级的坚强战士。1925年5月在反帝爱国斗争中献出了宝贵生命,年仅20岁。

1924年,中国共产党为了加强工人运动,把沪西工人区列为工作重点,先是开办工人补习学校,继而组织沪西工友俱乐部。此时,正在上海内外棉七厂上班的顾正红成

为这所工人补习学校的学生。

团结斗争力量大

工人补习学校上课或讲演的内容深入浅出，顾正红每次都认真去听。他学习刻苦用功，不论刮风下雨，从不缺席或迟到，在这里，他受到了革命思想的熏陶。

工友俱乐部除了给工人上课讲演外，还注意对工人积极分子的个别培养。有天晚上，刘华（时任上海日商纱厂工会委员长、中华全国总工会执行委员）和顾正红等几个工人谈论东洋老板随便开除工人的事，顾正红首先谈起自己以前被九厂无理开除的经过，并愤愤地说："这口气我到现在也消不掉！"其他工人也纷纷揭露日本厂主及其走狗随便打骂、开除工人的事情。大家一起总结出过去历次斗争工人们心不齐的教训。刘华接着启发大家说："一根筷子很容易折断，一把筷子就不容易折断，这说明团结斗争力量大。"顾正红听着刘华的话，联系自己的亲身经历，更加深刻地理解到了"团结斗争力量大"的道理。

"大家团结起来，斗争到底！"

1925年2月2日，内外棉八厂厂主蓄意制造事端，殴打女工，开除男工，指使巡捕房逮捕工人代表。在党的教育下已经觉醒了的沪西日商纱厂工人，一致要求起来斗争。党组织决定抓紧这一时机，发动一次大规模的罢工运动，动员全上海的党员投入这次斗争。

顾正红在这次二月罢工斗争中，参加了工人纠察队，并积极向群众宣传罢工的意义，讲解工人团结斗争的重要性，劝告工人不要去上工。他还同工人宣传队一道，用具体事例揭露日本资本家残酷压迫和剥削工人的恶行，以争取各界对罢工的同情和支持。

与此同时，顾正红也参加了由几百人组成的罢工鼓动队，当时叫"打厂队"。他和"打厂队"的工人先后到内外棉九厂、十四厂、十五厂，鼓动工人参加同盟罢工。在这些活动中，顾正红奋不顾身，和大家一道冲破厂主、工头的层层阻挠，使这些厂的工友们迅速加入同盟罢工的行列。

二月罢工胜利结束不久，"日人虐待反变本加厉。日人监工入厂，皆携带木棍、手枪，工人偶一不慎，即遭棍击。罚款之苛，数倍于前。"顾正红目睹这些情况十分气愤，他和其他积极分子一道，把厂中情况及时向工会和俱乐部作了汇报，不顾他所在的七厂日本厂方人员对他的忌恨和监视，总是及时把他在工会和俱乐部开会的情况传达给工友们，激励大家作好准备，继续进行战斗。

5月14日，日本厂主突然宣布开除十二厂工人代表多人，工人质问厂方，却遭到铁棍殴打，当场受伤倒地者5人，各厂工人听到这一消息十分愤慨。第二天清晨，刚刚下了夜班的顾正红，便接到工会和俱乐部的会议通知，他顾不得回家休息、吃饭,就直奔浜北潭子湾三德里工会驻地,投入了新的斗争。

5月15日早上6点多钟,顾正红赶到工会和俱乐部,参加内外棉、同兴、日华等日商纱厂夜班工人紧急会议。中午时分,普陀路巡捕房派了捕头带领一批巡捕到七厂进行"调解",答应停工期间发半天工钱。谁知工人一出厂,日本厂方马上就把厂门锁上,并贴了一张布告,只说停工两天,对发半天工资的事只字不提。顾正红得到消息,马上约了几个积极分子,分头到夜班工人家里去活动,动员大家不理厂方"布告",坚持上工,并提早到厂门口集合。下午5点左右,七厂夜班工人已陆续来到厂门口。此时,七厂厂门紧闭,门外有三名巡捕(租界内的警察),还有"包打听"(即暗探),

顾正红雕塑

手里都拿着铁棍、木棒，一个个凶相毕露。

顾正红领着工人们呼喊着"我们要上工"的口号，奋力冲破厂门，一齐拥进厂内。凶残的巡捕、日本点名员和"包打听"，对冲进厂门的手无寸铁的工人肆意殴打，好几个工人被打得头破血流。顾正红见此情景，一面领着大家振臂高喊："东洋人打伤工人啦！"一面带领一部分工人冲进物料间，拿出一些打梭棒，用作自卫武器。

内外棉副总大班元木和七厂大班川村，接到巡捕、暗探的告急消息后，急忙带着一群打手，杀气腾腾向厂门口奔来。七厂大班看清工人的带头人正是他早已注意的顾正红，就立即推上手枪子弹，对着顾正红开了一枪。子弹击中他的小腿，他忍着伤痛振臂高呼："工友们，大家团结起来，斗争到底！"敌人再次开枪，顾正红最终倒在血泊之中。5月16日下午2时，年仅20岁的顾正红，终因伤重不治而牺牲。

烈士开前路，五卅运动起

5月24日，在潭子湾荒场举行公祭顾正红烈士大会，有上万人参加。"大家下决心踏着顾正红烈士的血迹，继续前进，决不后退！"这次大会不仅打破了上海市民的沉默，而且因参加大会的学生被捕，以及上海工部局再次准备通过压迫上海人民的印刷附律、码头捐、交易所注册等提案，使反帝斗争在上海迅速发展为伟大的五卅运动。

五卅运动是以工人阶级为主体的伟大群众运动，而顾正红烈士则是这次伟大运动中的"工人先锋"。他的英名也因五卅运动而被载入中国近代史史册。

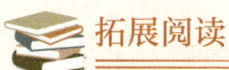 **拓展阅读**

五卅运动

五卅运动指 1925 年 5 月 30 日爆发的反帝爱国运动。1925 年 5 月间，上海、青岛的日本纱厂先后发生工人罢工的斗争，遭到日本帝国主义和北洋军阀的镇压。上海内外棉第七厂日本资本家在 5 月 15 日枪杀了工人顾正红，并伤工人十余人。29 日青岛工人被反动政府屠杀 8 人。5 月 30 日，上海 2000 余学生分头在公共租界各马路进行宣传讲演，100 余人遭巡捕逮捕，被拘押在南京路老闸巡捕房内，引起了学生和市民的极大愤慨，有近万人聚集在巡捕房门口，要求释放被捕学生。英帝国主义的巡捕向群众开枪，打死打伤许多人。这就是震惊中外的五卅惨案。6 月，英、日等帝国主义在上海和其他地方继续进行屠杀。这些屠杀事件激起了全国人民的公愤。广大工人、学生和部分工商业者，在许多城市和县镇举行游行示威和罢工、罢课、罢市，形成了全国规模的反帝爱国运动高潮。

在五卅运动发起之后，李立三、刘华和刘少奇等人组织成立了上海总工会。

陈延年
去时少年身，归来英雄魂

 导 语

陈延年（1898—1927），安徽怀宁人。早年赴法勤工俭学，1922年参与组建旅欧中国少年共产党，同年加入法国共产党，不久，转为中共党员。1923年进入莫斯科东方大学学习。1925年任中共广东区委书记，参与领导省港大罢工。1927年，先后任中共江浙区委书记、上海区委书记、江苏省委书记等职，为中共第五届中央委员。1927年6月，在参加中共江苏省委干部会议时被捕，不久于上海龙华就义，时年29岁。

陈延年是陈独秀长子，1904年入私塾读书，1910年先后就读于安庆尚志小学和全皖中学。天资聪颖，勤奋好学，记忆力极强。辛亥革命后，陈独秀参加"二次革命"，因讨袁失败，被迫亡命日本，陈延年与弟弟陈乔年为免遭

毒手，走避乡间。

"拿一副极坚强的奋斗精神"反抗"恶社会"

1915年，陈独秀在上海创办《青年杂志》，陈延年随父到法国巡捕房附设的法语学校专攻法文。1917年考入震旦大学攻读法科。其间，他的生活极为艰苦，一面读书，一面做工自给。在新文化运动的浪潮中，受无政府主义思潮影响，于1919年1月，和黄凌霜、郑佩刚等人在上海组织以宣传无政府主义为宗旨的"进化社"，创办《进化》杂志，并担任主编。他在《进化》中著文，推崇无政府主义学说，抨击中国封建军阀的反动统治，号召人民起来"拿一副极坚强的奋斗精神"反抗"恶社会"。12月下旬，他和弟弟陈乔年等乘邮船赴法国学习。1921年，他从法国社会中看出，无政府主义并不能革除资本主义社会的弊病，转而研究马克思主义。同年参加蔡和森、赵世炎领导发动的三次重大斗争，因而抛弃无政府主义，转向共产主义。

1922年6月，陈延年与赵世炎、周恩来一起创建旅欧共产主义组织——中国少年共产党，并担任"少共"宣传部部长，负责编辑出版《少年》月刊。同年秋，加入法国共产党。不久，转为中国共产党党员，并组建中共旅欧支部，他被选为支部领导成员。1923年初，根据中共中央指示，中共旅欧支部决定让他随赵世炎、王若飞、陈乔年等

12人赴苏联学习，于4月中旬抵达莫斯科，进入东方劳动者共产主义大学（东方大学），系统学习马克思主义理论和俄国革命经验。1924年回国，10月上旬，陈延年被任命为社会主义青年团中央驻粤特派员，指导粤区团委工作；同年11月，任中共广东区委秘书兼组织部部长，协助周恩来处理区委日常事务。

"我是共产党员，我坚决反对妥协退让的右倾机会主义错误"

1925年6月，陈延年和邓中夏、苏兆征等人领导了震惊中外的省港大罢工，沉重地打击了英帝国主义的嚣张气焰，推动了全国反帝斗争的高涨。他十分重视农民运动，关心和支持历届农民运动讲习所的工作，使广东成为全国农民运动最活跃的省份之一。同时，他十分注意青年运动、学生运动、妇女运动，始终站在群众运动的前列，为大革命时期广东群众运动的开展作出了重大的贡献。

1926年1月，陈延年极力反对张国焘强迫共产党人和国民党左派在中央执监委选举中妥协退让的错误言行，以区委的名义报告中央，要求中央抛弃妥协政策，改取向右派进攻的方针。同年5月，蒋介石在国民党二届二中全会上抛出所谓"整理党务案"，进一步排斥共产党人。党中央代表张国焘再一次强迫共产党人接受这一提案。对此，陈延年和广东区委的许多同志十分愤慨，纷纷指责张国焘向右派投降,并领导广东各级党组织加以抵制。中共中央负责人陈独秀也经常指责省港大罢工是"胡闹",批评广东的农民运动是"轻举妄动"。陈延年对父亲陈独秀这些右倾错误,表示坚决反对。他曾经说过:"老头子(指陈独秀)不相信工农群众的力量,要他来广州看看工农运动的发展情况。我们共产党人如果不依靠组织发展工农群众的力量,不仅不能团结更多的革命左派,而且会使现有的革命左派不敢跟共产党走,不敢同国民党右派进行斗争。"他还强调:"我和老头子是父子关系,但我是共产党员,我坚决反

1925年6月为了支援上海人民五卅反帝爱国运动,广州和香港爆发了规模宏大的省港大罢工

对妥协退让的右倾机会主义错误。"

  1927年4月上旬，中共中央政治局在武汉召开会议（当时陈独秀在上海，未参加），研究上海及江浙区的工作。会议通过以反蒋为中心内容的中央关于沪区工作的决议案，并决定派陈延年与李立三、聂荣臻和国际代表维经斯基赴上海，组织特务委员会，讨论江浙区委贯彻中央决议案的具体计划。4月13日，陈延年途经南京时，获悉蒋介石在上海发动四一二反革命政变，公开屠杀共产党人和革命群众。他怀着极大的愤怒，连夜乘火车赶往上海。几经周折，找到江浙区委罗亦农、赵世炎等人。4月16日，陈延年与李立三、周恩来召开研究四一二反革命政变后的对策的紧急会议，和与会同志在会后共同签署《致党中央意见书》，建议敦促武汉政府出师讨伐蒋介石，批评以陈独秀为首的党中央的右倾机会主义错误。不久，接任中共江浙区委书记。4月底，中共五大在武汉召开，他因上海工作需要未能出席，但仍被选为中央委员和政治局候补委员。

"革命者光明磊落、视死如归，
只有站着死，决不跪下！"

  1927年6月26日上午，江苏省委在上海北四川路施高塔路恒丰里104号（今山阴路恒丰里90号）召开会议，陈延年被任命为中共江苏省委书记。会议正在进行中，不料，被军警包围。为掩护其他同志脱险，他以桌椅板凳为武器，与冲入房内的军警搏斗，终因寡不敌众，不幸被捕。1927年7月4日，陈延年被国民党反动军警押赴刑场，刽子手喝令他跪下，他却高声回应："革命者光明磊落、视死如归，只有站着死，决不跪下！"最后，他竟被凶手们按在地上以乱刀残忍地杀害，壮烈牺牲，时年29岁。

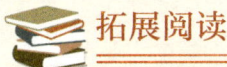 拓展阅读

陈乔年

　　陈乔年（1902—1928），安徽怀宁（今安庆）人。陈独秀次子，陈延年之弟。1919年赴法国勤工俭学。1922年加入法国共产党，同年转为中国共产党党员，参与发起成立旅欧中国少年共产党，曾任中共旅欧支部领导成员之一。1923年进入莫斯科东方大学学习。1924年冬回国，任中共北京地委、北方区委组织部部长。曾参加领导北京三一八群众示威游行。1927年起任中共中央组织部副部长，中共顺直省委委员，中共中央代秘书长，中共湖北省委常委、组织部部长，中共中央长江局委员，中共江苏省委常委、组织部部长。是中共第五届中央委员。1928年2月因叛徒告密在上海被国民党当局逮捕，5月24日被杀害于龙华。

顾作霖
投身革命,不负韶华

 导语

顾作霖(1908—1934),字冬荣,上海嘉定人,1925年考入暨南大学,不久转入上海大学读书。1931年到达中央苏区,主持少共苏区中央局工作,创办了共青团苏区中央局机关报《青年实话》和培养青年干部的列宁团校;动员青年参加少年先锋队和倡办少共国际师,向中国工农红军不断输送预备力量,使中央苏区的青年运动迅速发展。由于长期操劳过度,身体极度虚弱,在广昌保卫战期间,突然心脏剧痛,吐血不止,终因抢救无效逝世,时年26岁。

1925年8月冬天,顾作霖在上海大学加入了中国共产主义青年团,1926年春天,转为中国共产党党员,任共青团上海杨树浦部委书记,并参加党的部委会。从此他开始

了专职从事青年运动和工人运动的革命生涯。

燃烧自我生命，照亮革命道路

顾作霖兢兢业业忘我工作，始终与军民并肩作战。1933年4月，顾作霖调任中共闽赣省委书记。闽赣省是一片红军在反对蒋介石第四次"围剿"作战中解放的土地，工作千头万绪，无论是治安、土改、对敌斗争、生产，还是扩大红军、支援前线和政权建设，顾作霖都事必躬亲。由于工作过于劳累，长期营养不良，顾作霖患了严重的肺结核病。到了闽赣省首府黎川，他自知生命有限，更加努力工作。当年9月，蒋介石集中50万大军对中央苏区进行

中共苏区中央局委员在第一次全苏大会召开之日的合影
（左起：顾作霖、任弼时、朱德、邓发、项英、毛泽东、王稼祥）

第一编 浴血奋战，百折不挠

第五次"围剿",北路进攻的第一个目标就是黎川。而黎川红军力量薄弱,顾作霖与军区司令员萧劲光一起,虽领导军民顽强抵抗,但黎川还是失守,省委、省苏机关只得迁至建宁,继续与敌人作战。

"我愿意用我的生命换回毛泽东的路线"

1934年4月广昌保卫战中,中央革命军事委员会成立野战军政治部,顾作霖兼任政治部主任。他拖着病体,亲自到前线看望将士,鼓舞将士们的斗志。当时红军集中九个师兵力在广昌,共产国际派来的德国顾问李德命令红军"不让敌人侵占寸土","进行两条道路决战",顾作霖目睹红三军团将士面对数倍于己的国民党军,英勇抗击,一批批倒下。他也亲眼看到李德听不进红军高级将领的意见,一意孤行地瞎指挥,以致与红三军团军团长彭德怀发生激烈的争执。顾作霖内心十分矛盾和苦闷,在野战军政治部的一次部务会议上,他针对李德的瞎指挥,郑重表示:我们现在还没有条件进行什么"两条道路决战"。4月28日,持续18天的广昌保卫战失利,广昌县城失守。顾作霖痛斥博古、李德的蛮横战术给红军造成了巨大损失,同时表示"我们再也不能闭着眼睛瞎指挥了!""我愿意用我的生命换回毛泽东的路线,我们需要他!"4月29日晚,野战司令部在头陂镇冯家祠召开军团以上负责人会议,其间他强忍着心脏剧痛坚持参加会议。会议结束后,顾作霖回到住处即吐血不止,不省人事,经抢救无效去世,年仅 26 岁。

"鞠躬尽瘁、死而后已的中国青年运动的卓越领导人"

鉴于顾作霖的身份特殊及战争形势,中共中央未对外公布顾作霖去世的消息,朱德命野战军直属机关政委兼政治处主任萧锋将顾作霖的遗体运往瑞金。直到 1934 年 5 月 28 日,中共中央、苏维埃中央政府、共青团中央和红军总政治部才发布顾作霖逝世的讣告,《红色中华》刊登了《追悼顾作霖》的文章。5 月 30 日下午,在中华苏维埃共和国中央政府大礼堂举行顾作霖追悼大会,2000 多人参加吊唁,朱德、周恩来、博古、林伯渠等致辞悼念,称他为"鞠躬尽瘁、死而后已的中国青年运动的卓越领导人,中国共产党的优秀活动家"。在一些地方和部队,也举行了追悼顾作霖的大会。他们都以沉痛的心情悼念这位年轻的无产阶级革命战士,激励自己的斗志,迎接新的战斗到来。顾作霖为了党的事业,为了中国工人运动和中国青年运动,为了中国人民的解放事业,无私地献出了短暂的一生。

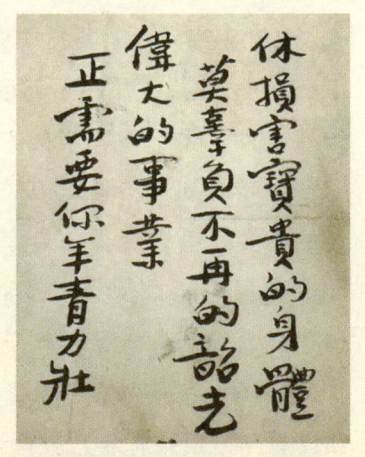

顾作霖烈士的遗诗——来自顾作霖对自己青春的一句寄语

1934年6月1日《红色中华》上载文说:"顾作霖同志九年来的英勇奋斗,在中国革命史上留下了光辉的名字,在中国共产主义青年团运动史上留下了光辉的名字。"

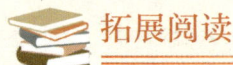 拓展阅读

《青年实话》

为更好地开展对苏区广大青年的教育,扩大共青团组织在青年中的影响,少共苏区中央局克服艰苦条件,于1931年7月创办了机关报《青年实话》,安排少共苏区中央局成员、宣传部部长陆定一担任杂志的主编,中共苏区中央局委员、少共苏区中央局书记顾作霖为《青年实话》创刊号撰写了题为《建立团报的领导作用》的开篇文章。

《青年实话》紧紧抓住青年的特点,结合青年的需求,开辟了20多个专栏,反映了苏区内外重大事件以及青年所关心、乐于接受、急于了解和掌握的革命道理、工作经验、科学生活常识和文学知识,不但适应了当时反"围剿"战争和苏区各项建设的需要,并以通俗的文字、活泼的形式赢得了广大工农青年和共青团干部的喜爱,而且坚持了"报纸为着战争"的根本方针,成为苏区青年了解天下大事、学习革命理论、指导实际工作、提高自身能力的重要工具,也是苏区共青团组织联系青年、团结青年、引导青年、教育青年的重要阵地,推动了苏区共青团工作的深入开展,为反"围剿"战争和苏区建设发挥了重要作用。

李才莲
忠魂不泯，百世遗芳

 导 语

  李才莲（1914—1935），江西兴国人，曾任共青团江西省委书记，少先队中央总队部总队长。1927年，李才莲参加农民协会。1928年冬，加入中国共产党，后参加兴国暴动。主力红军长征后，留苏区领导游击战争，任少共中央苏区分局书记、中共中央苏区分局委员。1935年5月，在瑞金突围时不幸牺牲，时年21岁。

  幼时，李才莲饱受地主的压迫。所幸的是他的父亲比较开明，有远见，尽管家里柴米油盐都难以应付，还是借钱把李才莲送进了茶园豪溪的青年学校。李才莲深知读书机会来之不易，因此勤奋好学，成绩始终保持优异。他有一名老师叫刘月春，是中共党员。刘月春很欣赏李才莲的勤奋与为人，时常把一些进步刊物给李才莲看，引导李才莲接受进步思想。

1927年，年仅14岁的少年李才莲被刘月春吸收进秘密农会。李才莲不负所望，在农会里，他积极勤奋地工作着，为农会的发展出了不少力。

1927年末至1928年初，一场红色风暴席卷白色恐怖笼罩下的江西大地。随着井冈山革命根据地的建立，江西各地的农民运动蓬勃发展。1928年12月20日，江西红军独立第二团第十五纵队发动了著名的兴国暴动。就在暴动前夕，李才莲经刘月春介绍加入中国共产党，并随之参加了兴国暴动。从此，年仅15岁的李才莲开始了他的革命生涯，在革命风浪中茁壮成长。

"走到哪里，就能把革命气氛带到哪里！"

1929年4月，杜鹃花遍山怒放的时候，毛泽东率红四军第三纵队在兴国分兵发动群众。李才莲毫不犹豫地投入到熊熊燃烧的革命烈火之中，同时还带动了许多乡亲参加红军队伍。1930年秋，因工作需要，李才莲调离兴国，到驻信丰的赣南行委办事处做青年工作。他在思想上日渐成熟。不久，他又随中共西河分委书记陈致中调到上（犹）崇（义）苏区，担任少共上犹中心县委书记兼少共营前区委书记。李才莲年轻，加上性格活泼开朗，又能写会说爱唱歌，大家都说他是"走到哪里，就能把革命气氛带到哪里！"他在营前区着手组织少年先锋队和儿童团时，亲手刻印了一本《革命歌曲集》，发给队员们，到处教唱，革命气氛在阵阵歌声中洋溢高涨。

1932年2月，红三军团围攻赣州。李才莲率上崇苏区少先队参战。少先队的队员年龄小，不能上第一线，他们就组成运输队，为红军运送弹药和干粮，积极配合正规部队作战。攻赣战斗失利后，李才莲随红军到了田村。不久，中共江西省书记李富春将他调到广昌，担任少共中心县委书记。当时广昌的领导忽视少共和儿童组织工作重要性，以至于当地的少共和儿童组织很是松散。李才莲经过调查了解后，便对少共和儿童组织进行整顿。撤换不称职干部，大胆任用在斗争中表现优秀的新干部，在团员中开展革命竞赛，使工作很快出现新的局面。1932年6月，李才莲在少共广昌县委扩大会上提议通过革命竞赛条约，又多次到落后的头陂区指导工作，使这个区的面貌大为改变。仅仅一个月，团员就从30多名发展到362名，扩充了36个红军战士，募集了一批慰劳红军的钱款，组织了一连模范少先队，两次作战，均获全胜。从此，声威大震，头陂区成为南（丰）广（昌）县少共工作模范区。

受命于危难之际

1935年2月，中央苏区几乎全部沦陷，国民党军队将中共中央苏区分局、中央政府办事处、中央军区机关和红军独立二十四师团团包围在于都县禾丰和黎村一带。这时，项英和陈毅接到党中央从遵义发来的"万万火急电",指示中央苏区分局立即改变组织方式与斗争方式,"使与游击战争环境相结合",遂分九路突围。陈潭秋一路杀奔闽西,龚楚率一个团冲向湘西,毛泽覃率一个连冲出重围也奔往闽西。其他六路则异常惨烈,许多重要领导人或英勇牺牲,或被俘遇害,或下落不明,其中有梁柏台、阮啸仙、刘伯坚等人。

李才莲率领独立第七团准备经会昌穿越敌人封锁线至(长)汀瑞金边,再转至闽赣苏区开展游击战争。1935年3月11日,李才莲与项英、陈毅握手分别。陈毅神情庄重地说:"才莲同志,你是中央分局最年轻有为的委员,我相信你能率领同志们一起胜利突围。如果有可能,你们再折回头,西进宁都以北地区,去领导和恢复那个区域的游击战争。"李才莲向陈毅敬了一个标准的军礼,坚定地说:"陈司令,你放心!我坚决完成任务!"

满腔报国志,热血洒铜钵

李才莲率领独立第七团离开上堡,沿着通向会昌的大道疾进。接连几天,部队日夜兼程,翻山越岭。七八日之后,到达汀瑞边的白竹寨。由于闽赣边敌军重兵把守,封锁严密,无法和闽赣省军区取得联系,李才莲只好带领队伍折回瑞金西部山区,与中共瑞西特委书记赖昌祚、中共瑞金县委钟德胜（后改名钟民）和钟天禧所率领的两支队伍汇合。整顿几天后，三支队伍一同开往位于瑞金西部、于都南部的铜钵山活动。

1935年5月的一天，因敌人"清剿"，李才莲率一部分战士钳制进攻之敌，掩护战友突围。当敌人快爬上山头时，李才莲手挥驳壳枪大喊："同志们，坚决不投降，打啊！"战士们一跃而起，喊叫着冲向敌人。就在这时，警卫班副班长露出了贪生怕死的叛徒嘴脸，从背后瞄准李才莲，射出了罪恶的子弹。年仅22岁的李才莲，壮烈牺牲在了铜钵山上。

拓展阅读

守望沧桑七一载，坚信丈夫必胜归

1928年，李才莲和一直居住在自己家的未婚妻池煜华举办了婚礼，正式结为夫妻。婚后三天，为组建农民运动，李才莲不得不离开妻子，去往他乡。

1934年，长征开始，池煜华与丈夫彻底断了联系。池煜华此后多番找寻丈夫的消息，由于李才莲曾经对她说过"我不会轻易牺牲的，你不要相信别人的谣言，等我打胜仗回来"，所以不管别人怎么说，池煜华就是不相信自己丈夫牺牲了。

但是她等了一年又一年,始终没等到丈夫,在这期间池煜华送走了两家的老人,跟李才莲所生的儿子也在5岁时夭折了,她一个人几乎找遍了整个赣南山区。也有很多人劝她再嫁,可她始终没有答应,因为她心中还有希望,希望等到丈夫回来的那天。

1949年8月,兴国县城解放,池煜华很高兴,连忙跑到部队去询问,结果找了几天还是没人知道李才莲去哪了。

1983年,当地民政局将李才莲的烈士证送了过来,池煜华才知道原来丈夫在1935年就已牺牲了。整整48年,等待丈夫已经成了她生活的一部分。

据池煜华的侄子回忆,不管是烈士证书送来前还是送来后,池煜华每天起床都会先在门口站几分钟,朝远处张望,然后再回屋洗脸,拿出李才莲留给她的镜子对着梳头。

2005年4月24日,苦等了71年的池煜华带着对李才莲的眷恋,走完了自己95岁的人生。但她始终记得丈夫的那句话:守好家、多识字,多为红军做事。

池煜华老人照着李才莲留给她的镜子梳头

叶 挺
半生戎马，一叶千古

 导 语

  叶挺（1896—1946），原名叶为询，字希夷，北伐名将，新四军首任军长，中国人民解放军创始人之一，是闻名国内外的军事家。他参与领导南昌起义并出任前敌总指挥，参加广州起义时任起义军工农红军总司令，抗日战争中又出任新四军军长，后在皖南事变中被国民党当局扣押，他拒绝蒋介石的威逼利诱，写出了著名的《囚歌》以明志。抗战胜利后，他获救出狱并被中国共产党重新接纳为党员。在与夫人李秀文以及秦邦宪、邓发、王若飞等人乘飞机返回延安途中，因飞机失事，不幸遇难。

  叶挺，1896年9月出生在广东省惠阳区的一个农民家庭。少年时期上过私塾，自小天资聪颖，勤奋好学。启蒙老师陈敬如为其改名"挺",意为"人要上行,叶要上挺",有挺身而出拯救中华之意。

"振污世,起衰溺"

叶挺于1912年考入广州陆军小学,1914年升入武昌陆军第二预备学校攻读军事。他在校期间刻苦学习,积极参加反对袁世凯复辟称帝的斗争,并广泛研读进步书刊,探讨哲学和社会政治学。曾给《新青年》杂志写信,提出道德根本之基在于"觉悟",并表述其"振污世,起衰溺"的革命理想。

1919年,经辛亥革命元老、孙中山粤军总司令部参议何子渊引荐,叶挺在福建漳州加入建国粤军,任支队副官,

1939年2月,新四军军部领导人在皖南合影
(右起:叶挺、朱克靖、周恩来、傅秋涛、粟裕、陈毅)

并加入中国国民党，走上了追随孙中山先生三民主义的革命道路。1920年，孙中山命令建国粤军攻打桂系军阀莫荣新，在黄皮径战役中，叶挺率部一举击溃了四倍于己的敌人，声名大振。

1922年6月，粤军总司令陈炯明叛变，炮轰总统府，叶挺奉命守卫总统府前院，掩护孙夫人宋庆龄脱险。1924年，在苏联东方劳动者共产主义大学和红军学校中国班学习，加入中国社会主义青年团，同年12月加入中国共产党，由信仰三民主义转而信仰共产主义。

1926年5月，叶挺率部北伐，担任先遣队，从肇庆、新会出发，向湖南前线挺进，讨伐吴佩孚。6月5日，独立团经过两天的战斗，击溃投靠吴佩孚等的赣、粤部队4个团，攻占湖南攸县县城，北伐军进入湖北通城县。1927年5月，夏斗寅叛变，袭击武昌。叶挺率部奋勇作战，打垮夏斗寅。

1927年8月1日，叶挺与周恩来、贺龙、朱德、刘伯承等领导南昌起义，任前敌总指挥兼第十一军军长。

舍小我　成大我

1927年12月，广州起义失败后，叶挺根据党中央的安排，赴苏联养病。由于先后受到李立三、王明的无端指责而决定退党，加入由国民党左派邓演达、陈友仁、宋庆龄组织发起的"第三党"。

1928年秋,叶挺到了德国首都柏林。先后流亡德国、法国等地。1932年秋,他离开了德国,来到澳门,结束了海外流亡生涯。

1936年西安事变后,第二次国共合作得以建立。1937年10月,新四军成立。

1938年1月,叶挺出任新四军首任军长,率新四军粉碎了日军对皖南的"扫荡"。他虽未重新加入中国共产党,但他坚决贯彻执行党中央的正确路线,坚持华中敌后抗战。

1941年1月,国民党顽固派制造了震惊中外的皖南事变,在遭国民党军重兵包围的严重情况下,叶挺指挥部队奋起突围,浴血奋战七昼夜之久,在与国民党军交涉时被扣押。入狱五年中,叶挺严词拒绝了蒋介石的威逼利诱,先后被囚于江西上饶、湖北恩施、广西桂林等地,最后移禁于重庆中美特种技术合作所渣滓洞集中营。

"为中国人民的解放贡献我的一切"

1946年3月4日,经中共中央多方面的努力,叶挺终获自由,他出狱后第二天即电告中共中央,请求重新加入中国共产党:"我已于昨晚出狱。我决心实行我多年的愿望,加入伟大的中国共产党,在你们的领导之下,为中国人民的解放贡献我的一切。我请求中央审查我的历史是否合格,并请答复。"3月7日,中共中央、毛泽东主席电告叶挺批准其加入中国共产党,以"亲爱的叶挺同志"相称。

1946年4月8日，他乘飞机由重庆回延安，飞机在山西兴县黑茶山附近失事。叶挺遇难后，毛泽东在《解放日报》上发表悼词说："为人民而死，虽死犹荣。"朱德题词："为中国人民和平民主团结而牺牲。"周恩来写了《"四八"烈士永垂不朽》的悼念文章。陈毅作《哭叶军长希夷同志》。叶挺遗体葬于延安"四八烈士陵园"。

1989年11月，叶挺被中央军委确定为33位"中国人民解放军军事家"之一。2009年9月，新中国成立60周年之际，叶挺被评为"100位为新中国成立作出突出贡献的英雄模范人物"之一。周恩来曾评价说："十年流亡，五年牢监，虽苍白了你的头发，但更坚强了你的意志；你是人民队伍的创造者。北伐抗战，你为新旧四军立下了解放人民的汗马功劳。"毛泽东曾称叶挺将军是"共产党的第一任总司令，人民军队的战史要从你写起"。

 **拓展阅读**

皖南事变

抗日战争时期蒋介石蓄意制造的破坏国共团结抗战的重大反共事件。1940年国民党顽固派将反共重心由华北转到华中。10月国民党军事当局强令黄河以南坚持抗日的新四军、八路军在一个月内全部开赴敌情、灾情严重的黄河以北狭长地区，欲陷八路军、新四军于绝境。同时调集大批军队采取前堵后追、两面夹击的部署，伺机围歼势孤力单的新四军军部和所属的皖南部队。中国共产党一面驳斥这一无理要求，一面从维护抗战大局出发，答应将皖南的新四军调到江北。1941年1月4日，新四军军部及其所属皖南部队9000余人由云岭出发北移。6日，部队在皖南泾县茂林地区，突遭国民党军7个师8万余人的包围袭击。新四军血战七昼夜，除2000余人突围外，大部壮烈牺牲和被俘。军长叶挺与国民党军谈判时被扣，副军长项英、副参谋长周子昆在突围中被叛徒杀害，政治部主任袁国平牺牲。17日，蒋介石反诬新四军"叛变"，宣布取消新四军番号，声称将把叶挺交付"军法审判"。这一事变是国民党顽固派发动的第二次反共高潮的顶点。20、22日，中共中央军委为皖南事变发表命令和谈话，揭露亲日派的阴谋，向国民党提出解决事变善后处理的12条要求并任命陈毅为新四军代军长、刘少奇为政委，下辖7个师，重建新四军军部，坚持抗战到底。中共中央所采取的措施，得到全国人民及国际舆论的同情与支持，使蒋介石在政治上陷于孤立。

（资料来源：《辞海》第七版）

江竹筠
一片丹心，向阳盛开

 导 语

  江竹筠（1920—1949），原名江竹君，曾用名江志炜，四川省自贡市大山铺镇江家湾（现江姐村）人，中国共产党优秀党员，著名革命女烈士。1939年加入中国共产党。1940年任重庆新市区区委委员。1948年6月14日，江竹筠在万县被捕，被关押于位于重庆的国民党军统渣滓洞集中营，遭酷刑仍坚贞不屈，不向敌人吐露任何有用信息。1949年11月14日，牺牲于歌乐山电台岚垭刑场，年仅29岁。2009年入选全国"100位为新中国成立作出突出贡献的英雄模范人物"。

  江竹筠于1920年出生在四川省自贡市的一个农民家庭。1939年，还在读书的江竹筠正式加入中国共产党。同年江竹筠以优异成绩考入重庆的中国公学。1940年7月，

第一编 浴血奋战，百折不挠

中国公学附中停办,江竹筠转入中华职业学校会计职业训练班学习。毕业后,她先在土布业合作社当了两个月的会计,后来又根据上级党组织的安排,先后在新生活运动促进总会妇女指导委员会和綦江铁矿工作。1944年夏,江竹筠考入四川大学农学院,同时进行党的秘密工作。

"我应该在老彭倒下的地方继续战斗"

1943年,江竹筠按照组织要求,和彭咏梧假扮夫妻,为彭咏梧提供身份掩护,并协助他做好党内工作。江姐和彭咏梧在共同的生活和秘密工作中感情一天天深厚,1945年,经党组织批准,两人正式结为夫妻。一年后,他们生下了一个孩子,并为孩子取名为彭云。

江竹筠一家人合影(1947年11月摄,重庆市档案馆藏)

1947年春，中共重庆市委创办《挺进报》，江竹筠具体负责校对、整理、传送电讯稿和发行工作。《挺进报》在短短几个月的时间里，发行量迅速攀升到1600多份，引起了敌人的注意。同年夏天，丈夫彭咏梧任中共川东临时工作委员会委员兼下川东工委副书记，江姐以川东临委及下川东工委联络员的身份随丈夫一起奔赴武装斗争第一线，负责组织大中学校的学生与国民党反动派进行斗争。

1948年春节前夕，彭咏梧在组织武装暴动时不幸牺牲。革命伉俪生离死别，江竹筠强忍悲痛，谢绝了党组织要她留在重庆照顾孩子的安排，毅然接替丈夫的工作，"我应该在老彭倒下的地方继续战斗"。

由于叛徒出卖，1948年6月14日，江竹筠被军统特务抓捕，随后从万县押到了重庆渣滓洞。

"竹签是竹做的，但共产党员的意志是钢铁"

渣滓洞关押着许多中共地下党组织的负责人，敌人从叛徒口中得知江竹筠是地下党的地委委员，为了从她口中得到重要情报，一个多月来一直没有中断对她的严刑逼供。

面对夹手指、老虎凳、电击等酷刑，江竹筠毫不畏惧，坚贞不屈，没有吐露一个字。持续的严刑逼供把江竹筠折磨得不成人形，但她在狱中的坚强表现，赢得了难友们的尊重和敬仰。从此，她又多了几个名字，"江姐"就是其中之一。

许多慰问信和诗从各个牢房秘密地传到女牢房来，有一间牢房的同志们集体写了一封信，信里说："亲爱的江姐，当我们每餐咽下霉米饭的时候，当我们被半夜里的敲梆声惊醒，听着歌乐山狂风呼啸的时候，当我们被提出去审讯的时候，我们想起了你，亲爱的江姐，我们向你保证，我们要像你一样地勇敢、坚强，在敌人面前不软弱、不动摇、不投降！"

同志们的关怀和慰问使她激动，受刑后的她手不能写，便请难友代笔给同志们回了一封信，信上有这么几句话："同志们太好了，这算不了什么，毒刑拷打那是太小的考验！竹签是竹做的，但共产党员的意志是钢铁！"

一封托孤信，一面五星红旗

在狱中，江竹筠是一位有着崇高信仰、永不向敌人屈服的赤胆巾帼，而作为一名母亲，她也时刻牵挂着自己的孩子。

1949年8月26日，江竹筠用筷子磨成竹签作笔，用棉花灰制成墨水，给代她养育儿子彭云的谭竹安写了一封信——

竹安弟：

友人告知我你的近况，我感到非常难受。幺姐及两个孩子给你的负担的确是太重了，尤其是现在的物价情况下，以你仅有的收入，不知把你拖成什么个样子。苦难的日子快完了，除了希望这日子快点到来以外，我什么都不能兑现。安弟！的确太辛苦你了。

我有必胜和必活的信心。自入狱日起，我就下了两年坐牢的决心，现在时局变化的情况，年底有出牢的可能。

假若不幸的话，云儿就送给你了。孩子们决不要娇养，粗服淡饭足矣。幺姐是否仍在重庆？若在，云儿可以不必送托儿所，可节省一笔费用。你以为如何？就这样吧，愿我们早日见面。握别。祝你们都健康。

1949年10月1日，北京，毛泽东主席在天安门城楼上向全世界庄严宣告："中华人民共和国中央人民政府今天成立了！"

当时的西南地区还在国民党的统治之下。在重庆渣滓洞看守所，江竹筠和难友们也得到了新中国成立的喜讯。喜极而泣的他们决定做一件特别的事情，庆祝新中国成立。

一天夜里，狱友们满怀深情地制作了一面想象中的五星红旗：一颗红星在中央，光芒四射，象征着党；四颗小星摆在四方，祖国大地，一片光明，一齐解放。由于没有见过五星红旗，它的制作者并不知道五星红旗的具体样式，尽管如此，这些永不屈服的战士，却用这面并不标准的国旗，把自己最坚贞的爱和满腔热血献与祖国。

新中国成立后，中国人民解放军吹响了解放大西南的号角。眼看败局已定，蒋介石坐立不安，密令军统毛人凤集体屠杀关押在重庆的共产党人和进步人士。

1949年11月14日，重庆解放前16天，江竹筠在渣滓洞看守所，被国民党杀害，牺牲时年仅29岁。

江姐，一个中国革命史上不朽的名字，她是无数革命先烈的缩影，也是红岩精神的鲜明代表。

她至真至诚、无怨无悔、坚定执着、舍生取义，她用自己短暂而光辉的一生，诠释了共产党员的信仰与担当！

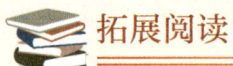 拓展阅读

《红岩》

长篇小说。罗广斌、杨益言著。1961年中国青年出版社出版。作品描写中华人民共和国成立前夕山城重庆的中共地下工作者在特殊环境中进行的特殊斗争。由于叛徒甫志高的出卖，地下党员许云峰、江姐、成岗等先后被捕。在中美合作所里，这些共产党人面对酷刑与死亡，顽强、机智地领导狱中难友与敌人展开斗争，并策划集体越狱，迎接解放。最后，许云峰、江姐、成岗等被秘密杀害，但一批难友在游击队配合下冲出了牢笼。全书气势磅礴，热烈悲壮，讴歌了共产党人的崇高气节和革命理想，洋溢着革命英雄主义和革命乐观主义精神，主要人物形象生动感人，是反映国民党统治区地下战线革命斗争的代表作品。

（《辞海（缩印本）》第七版）

第二编
自力更生，发愤图强

建设社会主义新中国，创造属于自己的新生活，靠的是自力更生、发愤图强的这一代青年人。他们用勤劳的双手书写了新中国的沧海巨变；他们在学习中增长知识、锤炼品格，在工作中增长才干、练就本领，以真才实学服务人民，以创新创造贡献国家！

青年人在建设新中国的征程中奋力开拓，他们不畏强敌、保家卫国；他们激情燃烧、豪气冲天；他们隐姓埋名、默默奉献，创造了一个个惊天动地、响彻寰宇的伟大奇迹……

中华民族、中国人民站起来了，不仅是脊梁挺起来了、腰杆硬起来了，更是精神立起来了、力量强起来了。

丁佑君

人民英雄，青年楷模

 导 语

　　丁佑君（1931—1950），别名丁一之，生于四川省乐山市瓦窑沱一个富裕的盐商家庭，1944年考入五通桥通材中学（现五通桥中学）就读，1948年就读于成都市女子高中，深受解放战争胜利的鼓舞，立志献身革命，积极参加学生爱国运动；成都解放后，丁佑君考入西康人民革命干部学校，加入中国新民主主义青年团；毕业后，丁佑君担任西昌女中军事代表；1950年9月，丁佑君在西昌盐中区征粮工作中，不幸被暴乱叛匪围捕残虐杀害，牺牲时年仅19岁。

少年英才

　　什么是少年，陀思妥耶夫斯基曾在《少年》一书中这样写道:"少年就是少年,他们看春风不喜,看夏蝉不烦,看秋风不悲,看冬雪不叹,看满身富贵懒察觉,看不公不允敢面对。只因他们是少年。"放眼中国近代,少年英才比比皆是,身为"先醒者",千万人要将火把熄灭之境,他们偏要将火把高高举起,去唤醒那沉睡的、装睡的一同将那"不可打破"的牢笼打破,为那看似已经"无可救药"的旧中国谋求一条救亡图存之路,而我们今天的主角,丁佑君就是其中一位。

纵观丁佑君的一生,毫无疑问是悲壮的。在那个"女子无才便是德"的社会环境下,丁佑君从小便接受了优良的教育,她深受解放战争的影响,立志要献身革命。

在老师黄梦谷的教导下,丁佑君开始接触到共产党,她的思想也在慢慢发生转变,她渐渐地开始从两耳不闻窗外事、一心只读圣贤书的好学生,到家事国事天下事事事关心的活跃分子。

铿锵玫瑰

1948年4月9日,以四川大学学生为主体的和平请愿,遭到国民党反动当局的血腥镇压。消息传进成都市女子高中,丁佑君和同学们走上街头演讲、撒传单,揭露"四九血案"真相,一直坚持到罢课斗争取得胜利。"四九血案"和罢课斗争,使丁佑君得到了锻炼,受到了深刻的教育,提高了思想觉悟。罢课斗争结束后,她满怀着革命的激情写下纪念"四九血案"的诗《安眠吧！斗士》。

1950年5月，丁佑君从西康人民革命干部学校毕业后，被组织上分配到了西昌工作，担任西昌女子中学的军代表。三个月后，因为西昌盐中区征粮工作人手紧缺，又被调到盐中区担任干事。在征粮工作中，她遇到了极大的困难和阻力。她所在的地区是一个偏远的农村，交通不便，信息闭塞，粮食收成也不太好。当地农民对解放军和政府的征粮政策不太了解，也存在着一些抵触情绪。

不过丁佑君并没有被这些困难吓倒，她深入农民家中，耐心地给他们讲解政策，听取他们的意见和诉求。她知道，只有让农民们真正了解政策，才能让他们积极配合征粮工作。在她的努力下，一些农民开始慢慢地配合起来。但是，也有一些地主和富农不愿意交出粮食，他们想方设法地阻挠丁佑君的工作，丁佑君没有屈服于这些人的暴力行为，经过顽强的斗争，出色地完成了征粮工作。

浩气长存

1950年9月17日，丁佑君奉命到裕隆镇征收粮食时，当地流窜的土匪发动反革命暴乱，在掩护群众转移后，她得知还有群众被困，于是不顾劝阻单枪匹马前去营救，不幸被土匪绑架。

土匪们将对党组织和解放军的愤恨，全部报复到了丁佑君身上。为了逼迫丁佑君泄露党组织的机密,土匪们对她进行了惨无人道的摧残。即便遭受了土匪惨绝人寰的酷刑,丁佑君也始终没有屈服,毫不畏惧地大骂土匪:"你们这些只知道残害人民的刽子手,迟早会被解放军消灭的!"土匪们采取极端的手段折磨了她整整两天,最终丁佑君被残忍地杀害了。

丁佑君牺牲时年仅19岁,根据她本人遗愿,中共西昌县委追认她为中国共产党党员。

丁佑君没有选择在盐商家中安稳生活着,而是决然地走上了革命道路。面对土匪,她坚贞英勇,顽强斗争,展现了惊人的韧性与高度的革命精神,选择为了祖国和革命事业将自己的生命奉献出去。她的壮烈牺牲,为中国共产主义青年团的历史写下可歌可泣的一页,为全体青年团员和革命青年树立了爱祖国爱人民的典范。

朱德为丁佑君烈士题词手迹

 拓展阅读

安眠吧！斗士

丁佑君

安眠吧！斗士
你的血没有白流
在这血腥的土地上
因为有了它而放出一点光芒

安眠吧！斗士
你的影子震荡着
震荡起了这睡狮的心
震荡起了睡狮的魂
有千百支〔只〕健壮的手已在黑暗里触摩〔摸〕的道路中
摸索着前进
大踏步的前进

…………

安眠吧！斗士
北极星对我们闪着光亮
遥远的天边有着光明
人类快解放了
新中国也要诞生

马万水
矿山铁人,永远争先

 导 语

马万水(1923-1961),河北省深县人,中共党员。1949年,马万水来到河北龙烟铁矿工作。他是共和国第一代铁矿工人,带领工友14次创造黑色金属矿山掘进全国纪录,被评为全国劳动模范。他探索出一整套矿山快速掘进经验,被推广至全国。在他带领下,"马万水小组"顽强奋战,创造了一个又一个开凿工艺史上的奇迹。2009年9月,他当选"100位新中国成立以来感动中国人物",被全国总工会评为"时代领跑者——新中国成立以来最具影响力60位劳动模范"之一。

河北宣化的河钢矿业龙烟矿山分公司,其前身是曾闻名全国的庞家堡龙烟铁矿,这里是"马万水小组"的诞生地,也是马万水带领工友们奋斗过的地方。

第二编　自力更生,发愤图强

"干劲加技术,石头变豆腐!"

河北龙烟铁矿在新中国成立前几经敌人破坏,早已千疮百孔。新中国成立后,龙烟铁矿作为我国第一批恢复生产的大型铁矿,国家从全国各地抽调了一批懂技术的干部和工人到矿上工作,马万水由门头沟煤矿调来任掘进五组大组长,兼工区技术指导。

没有机器设备,没有运碴矿车,甚至连一件像样的工具也没有。26岁的马万水带领工友,在废墟中找来几根生了锈的凿岩钢钎和锤头,砍了几根树干当锤把,肩扛手抬运碴,开始了新中国成立后的第一班生产。

在矿山工作中,马万水发现,小组工作效率不高。由于工友们刚从农村过来,不懂技术,钢钎凿在石英岩上,光迸火花不见进眼。劳动组织人员安排也不妥当,全组18人全在一个班干活,忙闲不均,存在窝工现象。

针对这些问题,马万水首先用自己在煤矿练就的一气打450锤不换手的本领,亲自给工友们把钎传技。他鼓动工友们:"咱们分班干活,班与班之间进行竞赛。"就这样,龙烟铁矿出现了第一个分班干活和开展爱国红旗竞赛的小组。

掘进五组分班干活后,充分发挥了每个人的作用,马万水以身作则,带头劳动,既手把手教工友们凿岩技术和打锤方法,又指点大家如何看角度、炮向以及看装药量。

有时工友不小心跑了锤,打伤了他的手,他也不在乎,鼓励大家再练。

"干劲加技术,石头变豆腐!"马万水鼓励着工友们。在他的带动下,小组工友铆足干劲,形成了学技术热潮。一个月后,月进尺从1.7米跃进到6米多。

随着巷道一米米地延伸,掘进过程中冰冷的地下水从岩石缝里蹿出来,像下雨似的淋在他们身上,浇得地上满是稀泥浆,大伙的衣服湿透了,鞋子浸湿了,没有叫苦的,马万水带领工友们迎难而上,越困难越是干得有劲。

1950年6月,掘进五组用铁锤、钢钎的手工操作,月掘进石英岩巷道23.7米,首创黑色金属矿山掘进全国纪录。

"必须把苦干、实干与巧干结合起来"

在中国黑色冶金矿山建设史上,"马万水小组"是第一个在矿山掘进工程中推广使用凿岩机打眼的组织,不仅大大提高了劳动生产效率,也改善了井下掘进的劳动条件。勇于创新是马万水带领工友们不断攀登新高峰、创造新纪录的宝贵经验。

1953年,"马万水小组"承担了开凿庞家堡矿第一平峒的任务。当时,国内打平峒采用的是两次掘进法,即先打出小巷道,然后再刷帮成为符合要求的大巷道。马万水反复推敲,提出了平巷掘进一次推进法,大大提高了平峒掘进速度。

马万水在实践中认识到，"加快矿山建设，光靠拼体力是不行的，必须把苦干、实干与巧干结合起来"。

1958年初，"马万水小组"在巷道施工时，遇见了罕见的坚硬岩石——大白石英岩，原来十分钟能打成的炮眼，用了半个小时也难打成。为了战胜这种坚硬岩石，他带领工友们反复研究、认真摸索，利用岩石的节理、层理和裂隙，创造出了"中间楔形掏槽法""旁楔形掏槽法""稀眼深孔作业法"等十多种不同的"掏槽法"。

在马万水的带领下，"马万水小组"在不断创新中壮大。小组刚成立时只有18人，1956年增加到了100多人，先后进行了数百项工艺技术革新。马万水带领掘进队成为全国黑色冶金矿山乃至全国冶金战线学习的榜样。

"站在排头不让，把住红旗不放"

"马万水小组"在工作中始终都是严字领先，一丝不苟。干起活儿来，就像在战场上一样，组里没有闲人，人也没有闲的时候，他们掘进快、装运快、支护快，紧张协调得好像一盘运转自如的机器。

"站在排头不让，把住红旗不放。"在马万水奋勇争先精神的鼓舞下，"马万水小组"能打硬仗，能打大仗，在完成每一项艰巨任务中，总能依靠集体的力量，克服各种困难。

"马万水小组"工人使用凿岩机施工作业场面（图片来源：张家口市宣化区马万水纪念馆）

1955年底，已是采矿部副主任的马万水依旧亲自开钻打眼，困了在机房打个盹，饿了啃几口凉干粮，就连爱人生小孩，他都顾不得上井去看看。

1959年底，他被提升为井巷公司副经理后，仍然废寝忘食地到井下参加劳动，即使后来病魔缠身，腿痛得满头大汗，也不愿离开工作岗位。

1960年1月，"马万水小组"再次创造了独头巷道月掘进435.91米的全国新纪录。冶金部在龙烟铁矿召开全国矿山建设现场会,号召把"马万水小组"快速掘进红旗插遍全国矿山,实现矿山建设的高速度,为我国钢铁工业的发展再立新功。

1961年8月12日,马万水积劳成疾,因滑膜肉瘤在北京逝世,年仅38岁。在生命垂危之际,他仍对矿山生产念念不忘,语重心长地嘱咐工友们:"要永远争先进,把党给咱们的红旗保持住。"

马万水,这位带领工友首创黑色金属矿山掘进全国纪录的掘进者,用他艰苦奋斗的工作作风和勇攀高峰的模范事迹,在中国的矿业开发史上留下了浓重的一笔。

(资料来源:《马万水:矿山铁人永远争先》,载河北新闻网2019年5月24日,作者曹素贞)

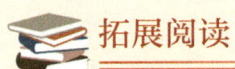 **拓展阅读**

梁军:人民币上的女拖拉机手

梁军(1930—2020),共和国第一位女拖拉机手,她开着拖拉机的飒爽英姿曾印在新中国第三套人民币上。

1948年,黑龙江省委号召垦荒种田,在北安开办拖拉机手培训班,当时18岁的她第一个报名。第二天报到时才发现,全班70多个学员,只有她一个姑娘。两个月后,她开上了苏

梁军与以她为原型的第三套人民币一元纸币

式"纳齐"拖拉机。1950年6月，以梁军的名字命名的新中国第一支女子拖拉机队成立。从此，她带领队员们驰骋在北大荒的原野上。1950年9月，梁军被评为新中国第一批全国劳动模范，去北京参加活动，受到党和国家领导人接见。

梁军说："我的梦想就是开发北大荒，把北大荒变成大粮仓，现在，这个梦想基本实现了。2013年五一前夕，我和来自全国的劳模代表受到习近平总书记接见。我告诉总书记，当年成为全国劳模后，农业部派了5位老师，培养我和其他两位劳模，使我们都成了大学生，自己后来也成长为哈尔滨市农机局总工程师。总书记笑着说：'劳模出成就，学习出人才。'"

2009年入选"新中国成立以来最具影响力的60名劳动模范"，2019年被授予"最美奋斗者"荣誉称号。

2020年1月14日，梁军在哈尔滨逝世，享年90岁。

杨根思
战火淬炼，高地雄魂

 导 语

杨根思（1922—1950），江苏泰兴人，出身贫苦农民家庭，当过童工。新中国第一位特等功臣、特级战斗英雄。1944年2月参加新四军，1945年11月加入中国共产党，1950年10月参加中国人民志愿军。他作战勇敢，屡立战功，被誉为"爆破大王"。1950年11月29日，在坚守长津湖畔1071.1高地东南侧小高岭战斗中，他抱起仅有的一包炸药，拉燃导火索，纵身冲向敌群，与爬上阵地的美军同归于尽，英勇捐躯，时年28岁。

"爆破大王"的诞生

1946年1月，到达山东兖州地区的新四军开展了轰轰烈烈的大练兵运动。杨根思被师部送去八师学习爆破技术。

通过勤学苦练，反复揣摩，杨根思很快掌握了爆破技术，成为一名爆破能手。

1946年夏，国民党反动派发动全面内战。10月，鲁南峰县、枣庄、郭里集相继被敌人占领。10月13日，杨根思跟随部队冒雨进攻郭里集敌据点。杨根思所在的九班承担"为后续部队打开通路"的战斗任务，由杨根思担任首爆任务。

杨根思跟随着部队来到了战场，看着前面的碉堡，他像往常训练的一样掷雷、拉线，但是都没能成功炸掉敌人的碉堡，这时候杨根思心急如焚。他反复检查着手中的拉雷（解放军首次在战斗中使用的新式炸药），终于发现了端倪，原来是秋雨让拉雷受潮了。想到战机转瞬即逝，他顾不上犹豫，脱下衣服包裹着拉雷，快步潜到碉堡下。为了发挥前两颗拉雷的威力，他把第三颗拉雷放在最下面，前两个放在上面，摆成个倒"品"字形，然后猛拉导火索。只听一声巨响，敌堡被炸掉大半截，后续部队迅速冲进郭里集。战斗结束后，在团庆功授奖大会上，杨根思被誉为"爆破大王"。

"三个不相信"

1950年6月，朝鲜内战爆发。10月初，侵略军悍然越过"三八线"，中共中央反复权衡，做出抗美援朝、保家卫国的历史性决策。

11月7日，杨根思所在部队奉命入朝参战，杨根思任志愿军第二十军第五十八师第一七二团第三连连长。

11月24日，"联合国军"发起旨在圣诞节结束朝鲜战争的总攻势。为粉碎敌人的狂妄野心，中朝人民军队于11月25日起发起第二次战役，从东西两线同时向敌人发起进攻。杨根思所在部队奉命前往东线长津湖地区，负责包围和歼灭驻扎在下碣隅里的美陆战一师部分部队，该部队是二战时太平洋战场的"王牌"师，装备精良，火力凶猛，双方实力相差悬殊。

接到命令后，部队立即向东线长津湖地区进发。当时遇上50年不遇的严冬，气温骤降到零下30摄氏度。志愿军战士仓促入朝，仍头戴大檐帽，身着薄棉衣，脚穿胶底鞋。在冰天雪地里，冻伤的战士双手肿如馒头，冻裂的双耳结上厚厚的血痂……非战斗减员的情况比较严重。杨根思指导连队的战士用各种方式御寒，如用毛巾包住大檐帽，用玉米壳做鞋垫或包脚等。他还动员大家用雪擦脸、擦手，进行山地进攻训练，休息时大家围拢着互相取暖……在杨根思的带领下，全连于11月26日前到达下碣隅里，创造了无一非战斗减员的奇迹。

杨根思带领三连战士来到小高岭阵地，战前动员时，他向战士们提出了"三个不相信"的宣言：不相信有完不成的任务，不相信有克服不了的困难，不相信有战胜不了的敌人。

11月29日,号称"常胜军"的美军陆战第一师开始向小高岭进攻,猛烈的炮火将大部分工事摧毁。杨根思带领全排迅速抢修工事,做好战斗准备,待美军靠近到只有30米时,指挥全排突然射击,迅猛打退了敌人的第一次进攻。

美军以空中和地面炮火对小高岭实施狂轰滥炸,随后发起集团冲锋。杨根思率领全排顽强抗击,以"人在阵地在"的英雄气概,接连击退美军8次进攻。在最后阵地只剩他一人时,他投完手榴弹,射出最后一颗子弹,一把拉着了导火索,以大无畏的革命精神,毅然抱起导火索"哧哧"冒烟的炸药包冲向敌群,与敌人同归于尽,光荣牺牲,年仅28岁。

在杨根思牺牲的同时,后续部队赶到下碣隅里,对美军陆战一师发起总攻,美军遭到重创,部分部队被歼,"常胜军"惨败。长津湖战役胜利后,志愿军将战线推至"三八线"南北地区,粉碎了"联合国军"迅速占领朝鲜北部的企图,迫使其由进攻转入防御。

"一个有希望的民族不能没有英雄,一个有前途的国家不能没有先锋。"1951年12月,志愿军总部把杨根思生前所在连队命名为"杨根思连",这是新中国成立后中国军队中第一支以英雄的名字命名的连队。杨根思烈士影响和教育了整个志愿军,在临津江反击战的时候,就出现了38个杨根思式的英雄。到了上甘岭战役,出现了如黄继光等68个杨根思式的英雄。

拓展阅读

喻沅良：用生命诠释爱国精神

喻沅良，一个来自江西萍乡的普通农民。1950年，朝鲜战争爆发，他毅然加入中国人民志愿军，奔赴前线作战。

在一次战斗中，喻沅良所在部队遭到敌军猛烈攻击，阵地失守。为了夺回阵地，喻沅良和战友们与敌人展开了生死搏斗。在激烈的战斗中，他身负重伤，但仍然坚持战斗，最终成功收复了失地。这次战斗结束后，喻沅良被授予三等功，但他说："我只是一个普通的士兵，我所做的一切都是为了祖国和人民。"

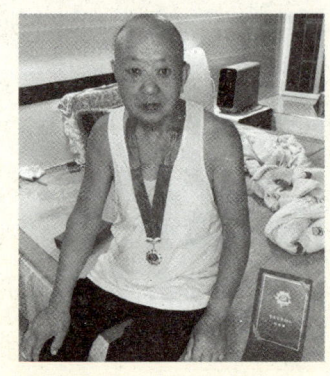

喻沅良老人的三等功证书、奖章

战争结束后，喻沅良回到了家乡，过上了平凡的生活。每当夜晚降临，喻沅良总是默默地坐在窗前，思念着那些为国捐躯的战友们。

"把一切献给党"是他的崇高信念，也是他一生的追求。2022年2月，喻沅良因病辞世，家人遵其遗愿，将他的遗体捐献给了南昌大学医学院。这位老战士、共产党员为祖国送出了最后的"生命礼物"，真正践行了"把一切献给党"的铮铮誓言。

甘祖昌
枪杆见情怀，锄头映初心

 导 语

　　甘祖昌（1905—1986），江西莲花人，被称为"将军农民"。1927年加入中国共产党，翌年参加中国工农红军。先后参加了土地革命战争、抗日战争、解放战争，为党和人民的事业出生入死，数次负伤。从江西到延安再到新疆，甘祖昌将人生中三分之二的时光都奉献给了国家独立和民族解放的革命斗争。1957年，甘祖昌辞去新疆军区后勤部部长职务，带家人回到阔别20多年的家乡，从此开始了29年的"农民生涯"。

　　甘祖昌，1905年5月2日出生在江西省莲花县坊楼镇沿背村一个贫苦农民家庭。"穷人的孩子早当家"，年幼的甘祖昌每日天蒙蒙亮就得跟着父母到田间劳作。

舍身投军，戎马半生

1926年，甘祖昌开始在当地农民协会中担任工作，在农协里，青年甘祖昌受到早期革命志士的熏陶。时任江西省农民协会委员长的方志敏对他说："记住我的话，穷人要翻身，就要闹革命！"在日益深入的群众工作中，甘祖昌也渐渐开始领悟到革命的必要性：中国农民的痛苦，源自地主和资本家们沉重的剥削。中国农民必须觉醒自救，打碎地主和资本家们强加的枷锁。他在1927年加入中国共产党，1928年参加中国工农红军，戎马倥偬29年。

甘祖昌参加了井冈山斗争，五次反"围剿"作战和二万五千里长征，抗日战争，南泥湾大生产运动和"南征北返"的湘粤边八面山、百熊锁等突围战斗，以及保卫陕甘宁边区历次重大战役和解放大西北数十次战役战斗。在长期的革命斗争中，南征北战，英勇奋斗，屡建功勋。1955年荣获二级八一勋章、二级独立自由勋章、二级解放勋章，被授予少将军衔，成为开国将军之一。

解甲归田，奉献乡梓

1952年，甘祖昌下乡检查工作途中，因特务破坏桥梁导致车祸，加剧了战争时期两次头部受伤留下的严重脑震荡后遗症，他深感自己不再适合做领导工作。1957年，时任新疆军区后勤部部长的甘将军做出了一个惊人之举——解甲归田,率全家人回家乡,做一名从井冈山出山又回山的农民!消息一出,很多人难以理解,但得到了毛泽东主席和周恩来总理的肯定和赞扬,《人民日报》《解放军报》等新闻媒体纷纷宣传报道。将军当农民,甘祖昌是新中国第一人。

返乡时,甘祖昌对家人说:"新疆到莲花,路途遥远,要尽量少带行李,为国家节省点差旅费。"全家11口人的行装精减成3个箱子,甘祖昌却带了8只木笼子,里面装着新疆的家禽家畜良种,用于回去带领乡亲们发展养殖业。

为了改变家乡农村的落后面貌,甘祖昌像当年打仗一样地豁出命来干。沿背村是个山穷土瘦的地方,全村三分之一的土地是冷浆田,产量低。甘祖昌带领农民实地考察,开了几十次的调查会,终于找到了改造冷浆田的办法。在甘祖昌的带领下,村民们连续奋战5个冬春,将冷浆田的亩产量提高了两倍以上。

回乡的29年里,甘祖昌和老乡们自力更生、艰苦奋斗,修建了3座水库、25千米长的渠道、4座水电站、3条公路、12座桥梁,不仅解决了乡亲们的温饱,让家

甘祖昌带领青年农民建设家乡

第二编 自力更生,发愤图强

家吃上了白米饭，而且为家乡群众过上幸福小康生活打下了坚实基础，用为民谋利的初心诠释践行了自己的赤胆忠诚。

对党忠诚，永葆初心

从为新中国成立的出生入死、英勇奋斗到新中国成立后的投身家乡、为民谋福，甘祖昌把一名共产党员应有的光热，毫无保留地散发在为理想而奋斗的路上，以实际行动为自己的信仰追求作了最好的诠释。

他生活俭朴，一心为民。回乡初期，甘祖昌一家和两个弟弟家挤在一栋旧房子里，民政部门几次要为他在县城盖房，都被他婉言谢绝，后来因为老房子实在挤不下了，他才自己花钱在村里盖了一栋普通民房。回到农村后，甘祖昌全家一直过着节俭的生活。甘祖昌每月工资330元，在当时是很高的，但在生活上却十分节俭。乡亲们称他的形象是：一身补丁打赤脚，一根烟斗没有嘴，白罗布手巾肩上搭，走路笔挺快如风。他养猪种菜，连抽的烟都自己种，却把工资收入的百分之七十以上用于修电站、建学校、办企业、救济贫困户等。

1986年3月23日，甘将军因病在莲花县逝世，在生命的最后时刻，他交代家人："领了工资，先交党费，留下生活费，其余的全部买农药化肥支援农业。"他留给妻儿的唯一遗产就是一只铁盒子，里面用红布包着他在1955年荣获的3枚勋章。这就是红土地上的革命赤子，忠诚人民红心向党，碧血丹心日月可鉴！

 拓展阅读

"老阿姨"龚全珍

龚全珍(1923—2023),山东烟台人,中共党员,是开国少将甘祖昌的夫人,江西省莲花县甘家小学原校长,被习近平总书记亲切地称为"老阿姨"。

1957年甘祖昌将军解甲归田,她跟随丈夫来到江西省莲花县坊楼镇沿背村,在乡村教师岗位上数十年如一日。她不忘初心、心系群众,积极开展革命传统教育和理想信念教育,倾力扶贫济困、捐资助学,开办"龚全珍工作室"服务社区服务群众。

她经历过战争年代的烽火洗礼,从辗转千里求学到积极投身革命,从放弃城市优越生活到跟随甘将军回乡,从本可颐养天年到退而不休、发挥余热……龚全珍无悔选择了物质生活简陋,而精神生活充实的道路。从青葱岁月到耄耋之年,她始终如一,践行着共产党人的初心和使命。

龚全珍获评第四届全国道德模范、"感动中国"2013年度十大人物、全国优秀共产党员等称号。

2023年9月2日,龚全珍逝世,享年100岁。

陈家楼
一个人,一座城
一群人,一生情

 导 语

陈家楼(1934—2010),上海青年志愿垦荒队发起人,共青城早期建设者。1955年9月18日,陈家楼等5人在上海市青年社会主义建设积极分子大会上,发出了组织上海青年自愿垦荒队的倡议。10月15日,由98人组成的第一支上海青年自愿垦荒队,高举着共青团上海市委授予的"向困难进军,把荒山变成良田"的锦旗,高唱着《垦荒队员之歌》,告别亲人,向江西进发,落户到德安县九仙岭。共青人靠着"坚韧不拔、艰苦创业、崇尚科学、开拓奋进"的精神,在一片寂静的荒滩上建起了充满活力的共青城。

共青城是全国唯一以"共青"命名的城市,现在的青年应该有所耳闻。但鲜为人知的是，在几十年前，这里却是大片大片的湖滩湿地、荒林野丘、人迹罕至的荒芜之地，在短短几十年间却发生了改天换地、沧海桑田的人间奇迹，就让我们现在拨回时代的轮盘，透过岁月云烟，将一切的源头聚焦在一位叫陈家楼的上海青年上。

血书请愿

1955年9月的一天，阳光打在窗台上，斯文清瘦、有着一头浓密黑发的陈家楼合上了手中的《勇敢》，对着天空长舒了一口气，眼神中透露出着某种坚定，然后他低下头，手中的笔在纸上不断书写着什么，拉近一看，原来他正在给上海市市长陈毅写请愿信，这是一封垦荒申请的"血书"。他在陈毅办公室这样说道："我们不能坐在家里等国家给我们分配工作，我们应该组织起来去边疆开荒！一万个人开到边疆去，几年以后就是一座新城！毛主席说，我们要做前人没有做过的事业。这就是一件。"

芸芸众生，默默无闻者众，开天辟地，筚路蓝缕者寥。1955年10月15日，被历史选中的陈家楼一行人，揣着凌云之壮志、青春之朝气、奉献之决心踏上了前往江西德安的路途。

人间奇迹

夜雨悄然而至，声声入耳，敲打着辗转于将梦未梦的陈家楼的心上，这是目前陈家楼为数不多的出远门，他也知道这一去将难有归期，但那份对祖国的赤诚紧紧地包裹住了他的内心，他从车厢里起来，抬笔写下："不怕边疆的路程多么遥远，也阻挡不住我们远征的决心。不怕边疆的风雪多么寒冷，也吹不透我们劳动的热情。"

初到德安，陈家楼就被眼前的景象吓了一跳，他在他的手稿上这样描述他初到德安的场景。"当我们来到千年沉寂的荒滩时，都惊呆了，想不到神州大地竟然有如此不毛之地。荒原土岗荆棘丛生、野兽出没，芦苇密布的滩地上，钉螺遍地，血吸虫肆虐，人迹罕至。难以想象的困难如同一座大山一样朝我们压来，不仅自己要克服心理障碍，还要稳定同伴们的情绪。"

艰难困苦，玉汝于成。道路从无到有，河流从寂寞到欢歌，人迹罕至到屋舍俨然，荒岭野丘到良田沃土。陈家楼一行人在鄱阳湖畔这块土地上肆意挥洒着青春的浪漫与创造，一年后，1700多亩荒地被开垦，加上当地农民送的8000多亩熟田，共生产了180多万斤粮食和其他农副产品。陈家楼一行人足够勇毅，他们正如奥地利诗人里尔克所说的那样"做开天辟地第一人，在一个长达几百年的破折号后面，写下第一个字"。

饮水思源

陈家楼，1934年11月出生在上海的一个工人家庭中，

1979年10月陈家楼赴上海做报告时受到上海市民的热烈欢迎

他在21岁的时候联合了多位青年向上海市市长陈毅递交垦荒血书，1955年，他来到江西并在次年加入中国共产党。20世纪50年代，因为批评地方干部挪用经费，被打成"右派"，1979年平反，后来担任德安县政协副主席，1994年退休，2010年因病去世。

陈家楼是一位优秀的知青代表，他用自己的实际行动诠释了知青精神，为中国的农村建设和社会主义事业做出了贡献。他的故事和精神将永远铭刻在历史的长河中，激励着更多的人为实现中华民族伟大复兴而努力奋斗。

一阵洪亮悠长的"钟声"将我们拉回现实，在共青城博物馆的一隅，一段铁轨悬挂在一个木架上，下面的文字

第二编　自力更生，发愤图强

介绍是"大山里响起钟声",原来这是用作上下工之钟,如果静下心来仔细听的话,你会发现一段普通铁轨也可以发出这么动人的音律,因为它正是那段可歌可泣岁月的缩影。当我们走出博物馆,去到金湖乡,你会发现有一面墙特别引人注目,它不是泥石墙,而是用三排黑色水桶组成的"水桶墙"。水桶一共有98个,象征着陈家楼队伍的人数,也昭示着共青城人饮水思源,不忘初心的传承之志。

车辆川流不息,街道灯红酒绿,合欢花张开了它的小粉扇,布谷鸟也照旧在夜色中忙碌,这一切的一切都印证着这座具有现代特色的南湖新城正在继续向前。

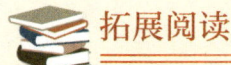
拓展阅读

生产领头雁——邢燕子

邢燕子(1941—2022),本名邢秀英,乳名燕子,天津市人。父亲是天津华北搪瓷厂的副厂长,母亲在天津一个缝纫厂做工,家里大部分人都生活在城市里。

高中毕业后,她没有回父母所在的天津市区,而是决意回家乡务农,改变家乡的穷貌。1959年夏,邢燕子终于如愿来到生产第一线参加田间劳动,她和十几位女团员组成了"燕子突击队",为村庄的建设做出了巨大贡献。

从开荒治碱入手,她们白天在田间辛苦劳动,开垦荒地,

劳动中的邢燕子

修建水渠等,晚上研究如何改善土壤品质。姑娘们还从副业入手,进行生产自救来解决全村冬春口粮的问题。她们在水坑中打出几百斤鱼虾。即使是没有农活做的寒冬,冰上结了厚冰,她们也坚持冰上治鱼,就算双脚双肩被冻伤也不退缩,晚上挑灯夜战,编制草帽等产品,短短几个月时间就给村里挣了3000多块钱,帮助全村人顺利度过了灾荒。

1960年,《河北日报》宣传刊发了邢燕子的事迹,之后各大报刊纷纷转发和报道,邢燕子被视为自力更生、艰苦奋斗及"妇女能顶半边天"的典型在全国引起极大反响。邢燕子被评为先进分子和全国人大代表,并被毛泽东主席和周恩来总理接见。

2009年,邢燕子被评为"100位新中国成立以来感动中国人物"之一。2019年,她被授予"最美奋斗者"荣誉称号。

邓稼先
隐秘而伟大，开拓中国核事业

 导　语

  邓稼先（1924—1986），中国共产党党员，中国科学院院士、著名核物理学家、"两弹一星功勋奖章"获得者。1948年赴美留学，攻读核物理学科，26岁时邓稼先放弃优厚的待遇，毅然学成归国。为了祖国，他默默无闻，隐姓埋名31年，直到去世那年他的名字才被解密。

  当蘑菇云的硝烟点缀了苍茫的大漠，当五星红旗升起在联合国的上空，当岁月的车轮碾过戈壁，当戈壁风沙在天空狂舞，我们都会想到他——邓稼先。长空铸剑，吼出雄师之愤怒是他；以身许国，写下山河之颂歌是他；殷红热血，精忠报国的是他；鞠躬尽瘁，死而后已的也是他。他毅然决然地参与了我国核研究工作，他是那么的默默无闻，任凭戈壁的风沙吹散了他的姓与名。

少年求学之波折

邓稼先少年时光生活在国难深重的年代，七七事变以后，日本侵略军闯入了北平城。不久北大和清华都撤向南方，邓稼先的父亲身患肺病，咯血不止，全家滞留下来。1939年9月，邓稼先再入北平志成中学，读高中二年级。1940年5月，邓稼先为避迫害，未读完高二，辗转到达昆明，次年进入国立西南联合大学，尽管条件简陋，生活清苦，邓稼先仍以良好的成绩圆满完成了大学四年的学业。抗战胜利后，他回到北平，受聘担任了北京大学物理系助教。

赴美留学之艰苦，毅然回国之执着

邓稼先抱着学更多的本领以建设祖国之志，于1947年通过了赴美研究生考试，仅用一年多的时间就获得了博士学位。此时他只有26岁，人称"娃娃博士"。

邓稼先在科研上的成就，让他进入了美国政府的视线。美国政府打算用更好的科研条件、生活条件把邓稼先留在美国，他的老师也希望他留在美国，同校好友也挽

邓稼先工作照

第二编　自力更生，发愤图强

留他，但邓稼先婉言谢绝了。1950年10月，他放弃了优越的工作条件和生活环境，和200多位专家学者一起回到国内。"科学没有国界，但科学家有国籍。"邓稼先放弃优厚的待遇，毅然回到贫穷落后的祖国，虽历经千辛万苦而百折不回，受尽磨难而决不放弃。回国后，"舍弃小家而为大家"成了邓稼先的真实写照。一到北京，他就同他的老师投入中国近代物理研究所的建设，开创了中国原子核物理理论研究工作的崭新局面。1956年，邓稼先加入了中国共产党。同年与于敏等人合作，在《物理学报》上相继发表了《β衰变的角关联》《辐射损失对加速器中自由振动的影响》《氢原子核的变形》等论文，为中国核理论研究做出了开拓性的工作。

1959年6月，刚刚开始研究工作的邓稼先和他的团队们，遇到了苏联公开违约，撤走专家的大麻烦。原子弹研究难度之大不言而喻，可他们能够利用的科研设备极其简陋——电子管计算机、手摇计算机、计算尺甚至算盘。邓稼先担任了原子弹设计的负责人，他带领着一群年轻科研工作者，夜以继日地用着最原始的工具进行繁重的计算，光演算纸就扎成几十个麻袋。在遇到了一个苏联专家留下的核爆大气压的数学问题时，邓稼先在数学家周光召的帮助下，推翻了原有结论，从而解决了关系中国原子弹成败的关键性难题。数学家华罗庚后来称，这是"集世界数学难题之大成"的成果。

为造"两弹"死而无憾

在一次爆炸失败后,为了找到真正的原因,必须有人到那颗原子弹被摔碎的地方去找回一些重要的部件。邓稼先说:"谁也别去,我进去吧。你们去了也找不到,白受污染。我做的,只有我知道。"如履薄冰的任务压力、夜以继日的工作、因陋就简的生活条件,邓稼先和他的战友们长期处于高危健康风险之下,这一切,没有人比他们自己更清楚。

1985年,邓稼先因长期接触核物质,身体越来越差,经查患上了癌症。医生强迫他住院,但因他带病工作了很长时间,错过了最佳治疗时间。他无力地倒在病床上,面对自己的妻子许鹿希和国防部部长张爱萍,他却平静地说:"我知道这一天会来的,但没想到它来得这么快。"在他生命的最后一个月,中共中央军委决定对他解密:"一辈子这么辛苦,做了这么多工作,不能让他就这么走了。"于是,派记者去采访他,写出了长篇通讯《两弹元勋——邓稼先》。这时候,人们才第一次知道了邓稼先的名字,才知道他是一位英雄。

20世纪60年代,"两弹元勋"邓稼先带领科研团队,以全世界最快的速度研发出原子弹和氢弹,中国人从此再也不怕其他国家的核讹诈。而邓稼先本人因为总是在核试验中身先士卒,因辐射而导致身患癌症,最终以身殉国。

"苟利国家生死以，岂因祸福避趋之"，正是因为有了一大批邓稼先这样的科学家，才有了今天强盛的中国，才有了我们幸福安宁的生活。

 拓展阅读

于　敏

于敏（1926—2019），河北宁河（今属天津）人。中国物理学家，中国科学院院士。中国核武器研究和国防科学技术的学术带头人之一。在氢弹研制中，解决了热核武器的一系列理论和基础问题，开创性地提出了从原理到构型基本完整的设想，填补了中国原子核理论的空白，为氢弹突破做出重大贡献。获1982年国家自然科学奖一等奖，1985年、1987年和1989年国家科学技术进步奖特等奖。1999年获中共中央、国务院、中央军委授予的"两弹一星功勋奖章"，获2014年度国家最高科学技术奖；2018年获"改革先锋"称号；2019年获"共和国勋章"。

第三编
解放思想，锐意进取

习近平总书记指出："价值先进、思想解放，是一个社会活力的来源。""改革开放的过程就是思想解放的过程。"改革开放是决定当代中国命运、实现中华民族伟大复兴的关键一招。

自改革开放40多年来，我们艰苦奋斗、上下求索，从农村到城市，从试点到推广，从经济体制改革到全面深化改革，中国特色社会主义不断迈向新境界；40多年来，我们与时俱进、一往无前，释放出最大活力、激发出最强能量，不但实现了物质生活的不断丰富，更在精神上走向主动、愈加自信。

在40多年波澜壮阔的改革开放伟大进程中，涌现出一大批锐意改革创新、敢于实践探索的先锋模范。他们勇立时代潮头，将个人的命运投入历史的洪流，用双手书写了个人奋斗和国家发展的壮丽史诗。

王 选
"当代毕昇"

 导 语

　　王选（1937—2006），江苏无锡人，计算机科学家，汉字信息处理与激光照排技术创始人，被誉为"当代毕昇"。北京大学教授、博士生导师。1987年获得首届毕昇印刷奖；1991年当选为中国科学院学部委员（院士）；1994年当选为中国工程院院士；1995年担任九三学社中央委员会副主席；获得2001年度国家最高科学技术奖；2003年当选为中国人民政治协商会议第十届全国委员会副主席等职务。2009年入选"100位新中国成立以来感动中国人物"；2018年被授予"改革先锋"称号；2019年被评选为"最美奋斗者"。

　　王选开创性研制出当时国外尚无成品的第四代激光照排系统，让出版印刷"告别铅与火，迎来光与电"，推动了我国报业和印刷业的发展。

国家需要就是他的选择

1954年,王选考入北京大学数学力学系。众多名师的引导教学、北大完整的数学课程,使王选掌握了扎实的理论与研究技能,具备了严密的思维推导和扎实的分析计算能力,为他日后进行计算机应用研究奠定了重要基础。

1956年,王选遇到人生第一个重要抉择:选择专业。可选择的有数学、力学和计算数学。当时,我国计算机技术正处于起步阶段。计算数学在整个中国都是新兴学科,属于"冷门",许多人不愿问津。王选看到了我国制定的"12年科技发展远景规划"把计算技术列为"未来重点发展学科",钱学森等科学家的文章描述计算机将发挥越来越大的作用,于是下定决心选择了"冷门"的计算数学。他后来总结道:"一个人必须把自己的工作和国家的前途命运联系在一起,才有可能创造出更大的价值。"这样的洞察力也帮助他在从事汉字照排系统研究时,决定跨过主流的二代机和三代机,直接研制世界上尚无成品的第四代激光照排系统。

双管齐下破解技术难题

与西文相比,汉字字数繁多、字形复杂,存储、处理和输出等问题使得汉字进入计算机成为世界性难题,甚至有专家断言：计算机时代将是汉字的末日。

1958年，王选从北京大学数学力学系毕业后留校任教。1974年8月，国家设立了国家重点科技攻关项目"汉字信息处理系统工程"，简称"748工程"。1976年，王选开始负责"748工程"的总体设计和研发工作。作为印刷界的新兵，王选迸发出勇于创新的雄心壮志。终于，他研究出采用"轮廓加参数"的数学方法，用来分别描述汉字笔画，将汉字的总体存储量压缩到原先的1/500至1/1000；接着，又设计出以710字/秒的高速复原汉字字形的超大规模专用芯片。他用软、硬件结合的方法，解决了汉字信息处理的技术难题，奠定了激光输出方案的基础。

1979年7月，在精密汉字照排系统的第一台样机上，第一张八开报纸的胶片从激光照排样机中输出来。同年8月11日，《光明日报》率先在头版头条报道了激光

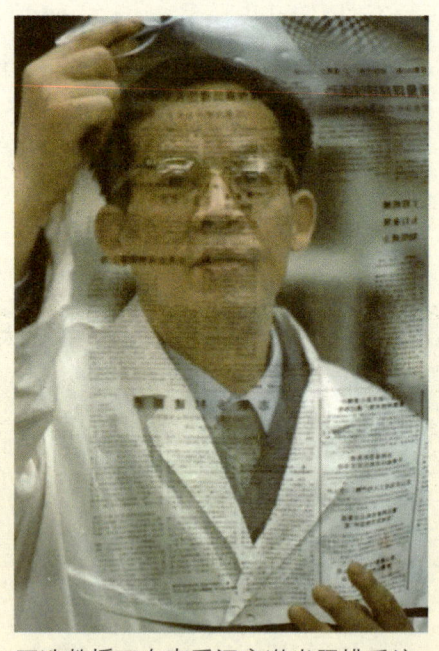

王选教授正在查看汉字激光照排系统排版的报纸胶片

汉字编辑排版系统主体工程研制成功的消息，极大地鼓舞了这群当时身处科研困境的年轻人。王选事后才知道这个报道是冒了很大风险的。他后来回忆说："所以我牢牢记住这张报纸，一直想要用事实来证明它是对的。"

面对初期产品问题多、团队人员流失、国外技术冲击、国内用户不信任的重重困难，王选除带领团队进行系统总体设计、承担最关键的照排控制器和软件系统的设计以外，在国家的领导和统筹协调下，确定新华社为第一个用户，先后落实生产系统主机、照排控制器、激光照排机及汉字终端等设备的协作厂家，组成跨部门、跨地区、跨行业，集合全国优势力量的科研、生产和应用队伍，相继研发Ⅱ型、Ⅲ型、Ⅳ型系统，让我国印刷行业告别了"铅与火"的时代。之后又推出大屏幕中文报纸编排系统、远程传版技术、彩色中文激光照排系统、新闻采编流程管理系统等新成果，我国印刷界终于迎来"光与电"的时代。因在汉字激光照排上的杰出贡献，王选被誉为"当代毕昇"。

当时国外照排厂商大举进军中国市场，王选提出要让科研成果变成商品占领市场，这是"产学研结合"的先声。1984年，北京大学采纳王选的建议，成立科技开发公司（方正公司的前身），与王选团队合作进行国产照排系统的生产和销售，成功击退美国、日本和欧洲的产品。截至1993年，国产激光照排系统已经占领了国内报业99%和书刊（黑白）出版业 90% 的市场，以及 80% 的海外华文报业市场。

甘为人梯，打造过硬团队

获得 2001 年度国家最高科学技术奖后，王选回忆起小学五年级时获得的品德优秀奖，他说那是他永生难忘的一个奖励，他从中懂得了团队精神和人品在人生中的重要性。

1993 年，王选苦苦钻研两周的设计被他的研究生否定，他开始意识到计算机时代是属于年轻人的，于是坚定地退出了科研一线，转而培养和物色优秀人才。

他捐献了大部分的奖金、奖品，成立奖学金和创新基金，鼓励年轻学子勇于创新、勇挑重担；他与年轻人才深入交流并留意他们的生活困难，力所能及地帮助他们，因为他认为满足生活需求可以帮助有事业心的年轻人专注于科研工作；他指导年轻人才以研制计算机动画制作系统为契机，开发数字视频领域，进军广电业。与他的成就相比，他为计算机科学领域培养和造就的一大批年轻学术骨干的贡献，丝毫不逊色。

"一个好的科学家或企业家首先应该是个好人，才能带领队伍。"王选的一生都在坚定地践行他的"好人观"。

（资料来源：《回眸丨王选院士：能为人类作出贡献，人生才有价值》，北京科协百家号，2024 年 2 月 13 日）

 拓展阅读

五笔字型输入法

　　五笔字型输入法（简称：五笔）是依据笔画和字形特征对汉字进行编码的一种电脑汉字输入法，由王永民在1983年8月发明，又称"王码五笔"。

　　五笔因其重码少、输入快，在问世后迅速风靡华人圈，一度成为中国以及一些东南亚国家最常用的汉字输入法之一。20世纪末以来，随着云词库、拼音模糊的发展，拼音输入越来越快，五笔逐渐趋于没落。虽然如此，当年五笔输入法帮助汉字顶住了电脑时代初期"废除汉字"的思潮，堪称"汉字保卫者"的往事，如今仍为人们津津乐道。

　　王永民，1943年生，河南南阳人。中共党员，教授级高级工程师，当代发明家。毕业于中国科学技术大学无线电电子学系。1978年起，历时五年自主创新，发明了"王码五笔字型"，解决了信息时代汉字电脑输入的难题，推动了计算机在我国的普及。王永民曾获"全国劳动模范""全国五一劳动奖章""改革先锋奖章"。

袁守根
"守"望橙缘,"根"植红土

 导 语

　　袁守根,1941年出生于浙江诸暨,1963年从江西共产主义劳动大学总校林学系毕业后,响应国家知识分子到农村去的号召,只身来到江西赣南老区信丰县,从林垦局到园艺场,信丰成了他的第二故乡。1970年他为赣南引进脐橙树,扎根赣南山区60余年,在这片红土地上默默耕耘、挥洒汗水,换来了赣南脐橙的"果甜"、老百姓日子的"蜜甜"、群众交口称赞的"嘴甜",被誉为"赣南脐橙第一人",先后获"全国脱贫攻坚先进个人""全国优秀共产党员"等荣誉称号。

　　从初来赣州到现在,袁守根已经在这片红土地上奋斗了60多年。

情定那棵树

1970年冬，时任信丰县园艺场技术员的袁守根只身前往湖南邵阳调运温州蜜橘种苗。这期间，当地苗圃技术员告诉他，苗圃有个名为"华盛顿脐橙"的新品种，品质上佳，只是挂果率较低。袁守根一听，这可是一条很重要的信息！在那个年代，脐橙是普通老百姓见不到、买不起、吃不着的特供产品，如果在信丰能够试种成功，那可真是一件造福人民的大事！

敢想敢干的袁守根精心挑选了约200株"华盛顿脐橙"苗运回信丰，在宿舍后山选了5亩地，亲手种下这些寄寓着希望的苗木。彼时，没有人能想到，这小小的一块脐橙试验田，竟孕育出一个改变赣南人民命运的大产业。

"把你们带回家，就要守护到底。"为了更好地照顾树苗，袁守根吃住都在园艺场里，到了饭点，他会捧着碗，对着脐橙来吃饭；有时半夜醒来，还会从屋里"溜"出去，和它们说说话。试种期间，他为每株苗编号，详细记录每一株树苗的生长状况，小心翼翼地育苗、施肥、定植、整枝。从"控制夏梢，提高脐橙着果率"到"山地果园套种优良绿肥"，一个个难题都被他攻克。功夫不负有心人，1973年，200株苗存活了156株并成功挂果，这就是赣南脐橙的第一代"母亲树"。

1974年，这批脐橙树收获达200公斤，惊动了赣州地

袁守根（左一）为当地果农讲解种植脐橙的方法和技巧

区外贸部门领导。1976 年，选出的 20 个脐橙在广交会上引起轰动；1977 年，精心挑选的 1 吨脐橙出口香港，卖出每公斤 36 港元的"天价"。

结出满山果

1979 年，袁守根远赴欧美考察农业种植，"摘下一片叶子，测量后就知道这棵树土壤缺什么……"欧美脐橙的科学化养殖和主产区的集约化、规模化、精准化种植让他感叹不已。

在美国考察时，当看到工人用一把小巧、特别的剪刀嫁接脐橙苗，袁守根想方设法让工人把剪刀送给他。回国后，他找农技员试图仿制，但由于制作剪刀的钢材特殊，短期内无法批量造出。

"这都是差距，我们要去补短板！"这趟考察让袁守根久久难以释怀，他暗自憋了口气：要大力发展脐橙产业，让乡亲们过上好日子，让国家加快发展。

1982年1月，时任中共中央总书记的胡耀邦，亲笔写信鼓励赣南地区大力发展柑橘产业。胡耀邦的指示，激起了赣南人民开山种果的热情，但袁守根却陷入了深深的思索：如何种？种什么品种？

选择"用于加工的夏橙"，还是"用于鲜食的新品种"，袁守根与其他果业技术人员俯身茫茫果海，一次次观察试验、记录数据、筛选比对……最终在中国柑橘学科奠基人之一、华中农业大学教授章文才的建议和支持下，袁守根毅然引进了用于鲜食的纽荷尔等8个脐橙新品种，赣州规划的3个脐橙基地随后成为这些新品种的试验田。

1990年11月，赣州科技部门组织专家对引进的脐橙项目进行验收和成果鉴定，结果现场测产竟然达到亩产2964.18公斤，为当时国内同类研究的最好成绩。

如今，祖祖辈辈刨土种田、为贫所困的赣南老区，已成为著名的脐橙之乡，一个小小的脐橙累计带动赣南老区100万人脱贫增收，如袁守根所愿，脐橙产业真正成了农民的"摇钱树"、农村的"致富树"和农业的"当家树"！

退休不褪色

2001年,袁守根从原岗位上退休,本该享受天伦之乐的他,却又义务担起了果农们的免费技术顾问,只要涉及脐橙方面的问题,他来者不拒,有问必答。他抓住各种机会,深入果园,参加脐橙协会,做好技术指导,当好顾问,他总结调研成果,提出建言献策30多条,达十余万字,为赣南脐橙产业发展发光发热。

2013年,有着"柑橘癌症"之称的黄龙病在赣南爆发,这对于赣南脐橙产业发展无异于毁灭性打击。眼见着几十年如一日精心养护的果树将要失去生机,袁守根看在眼里急在心里。为了观察橙树病情,年逾古稀的袁守根在果园连续蹲了几昼夜,随后果断提出"种无毒苗木、消灭木虱、挖除病树"三大防治措施,并连着几个月为果农作宣讲,有效控制住了黄龙病的扩散。

择一事,终一生。从1970年在赣南山区种下第一株脐橙树那一刻开始,他将自己的心血全部倾洒进脐橙产业高质量发展的事业中,倾注进果农脱贫致富的希望中,无怨无悔、无私无求。他讲,"人一辈子能守望好初心,像雷锋那样甘做一颗螺丝钉,把一件事做好,就很不错了"。

从29岁到83岁,袁守根贡献灼灼,依然俯身为民;荣誉等身,依旧淡泊名利。袁守根用一生的坚守,凝练了奉献进取,诠释了爱国为民,将这浓艳耀眼的一抹橙色刻印进人们的心田!

 拓展阅读

赣南脐橙香天下

至 2023 年,赣南脐橙种植已经走过 53 个春秋,成了赣州的农业"当家树"、农村"致富树"和农民"摇钱树"。

从中国赣州脐橙节到中国赣州国际脐橙节,再到赣南脐橙国际博览会,赣南脐橙香飘大江南北,飘向世界。

2022 年,赣南脐橙总产量 159 万吨,产业集群总产值 195 亿元,其中鲜果销售收入 89 亿元。脐橙产业解决了 100 万农村劳动力就业,带动了苗木、生产、养殖、农资、分级、包装、加工、贮藏、运输、销售以及机械制造、休闲旅游等全产业链发展。

赣南脐橙地理标志证明商标 2011 年被认定为中国驰名商标后,赣南脐橙先后获"最具影响力中国农产品百强区域公用品牌""最受消费者喜爱的中国农产品区域公用品牌""全国名优果品区域公用品牌"等称号,赣南脐橙被列入中欧地理标志协定保护名单,赣州市赣南脐橙产区被认定为第一批中国特色农产品优势区。

一颗橙,一座城。甘甜清新的汁水,阳光烂漫的橙色,赣南脐橙的美名和美味,构成了世界对赣州的初印象。

(资料来源:《赣南日报》2023 年 11 月 25 日)

冉绍之
三峡移民的贴心人

 导 语

冉绍之，1953年生，重庆奉节人，重庆市奉节县移民局原副调研员。他积极投身三峡库区建设，成功创造"江边一条路、路边一排房、房前工商业、房后种果粮"的移民后靠安置做法。大胆探索三峡库区多元化发展格局，带领群众配套新建人畜饮水和灌溉蓄水工程，修建排水堰和移民公路，开发果园和耕地，圆满完成三峡移民外迁内安任务。先后获"改革先锋""全国优秀共产党员""全国先进工作者""人民满意的公务员"等荣誉称号。获评"三峡移民安置的实践探索者"，入选"最美奋斗者"名单。

1993年，时任重庆市奉节县安坪乡（现安坪镇）党委书记、乡长的冉绍之接到首批三峡移民试点乡任务，为找

到移民试点开荒安置的地方，刚上任的冉绍之对该乡境内的 30 多千米长江江岸线做了 5 次勘察。

以真心换移民真情——"换条板凳坐坐"

冉绍之给自己定下一条原则：在坚定地推进移民工作的同时，要尽可能地替移民着想，要和移民"换条板凳坐坐"。他分析移民工作中碰到的困难后认为，一些移民不愿搬迁除了故土难离，还主要是对三峡工程的意义、对国家的政策不了解，只要我们心里想着移民利益，为移民解决实际问题，再加上细致的宣传教育和耐心的说服工作，移民是会搬迁的。

谈起安坪乡三沱村的移民搬迁，冉绍之至今还记得：1995 年 12 月，安坪乡三沱一社和九社的移民为开发的土地入户问题和移民干部发生纠纷。得知这一情况后，他心急如焚，连夜赶去调解，及时平息了事态，终于将土地落实到了移民户。他说，吸取这件事的教训，我们研究确定了在土地分配上实行"好地七成安置移民，三成留给社里，低产地五五开"的分配原则。三沱村对新开发土地统一进行规划，决定全部种植林木，海拔 600 米以下种优质脐橙，海拔 600 米以上种板栗、核桃等经济林和松、柏、杉等用材林。后来这种改土造田及分配的方法在全库区得到推广。

创出移民致富路——"就地后靠"

在奉节这样自然条件比较恶劣的地区,移民搬迁后怎样发展,怎样逐步走向富裕?一接手移民工作,冉绍之就开始思考这个问题。他知道,只有实实在在地解决了移民搬迁后的发展致富问题,移民才能真正"安稳",库区才能长治久安。

冉绍之在长江上接受记者采访

结合当地山高沟深、交通不便、环境封闭的问题,考虑到自然资源优势和本地盛产闻名中外的奉节脐橙等特点,联想沿江移民公路兴建后的局面,冉绍之首先提出了"就地后靠安置"的移民思路,就是将三峡工程蓄水以后淹不到的荒山坡改出田土,让移民在这里重建自己的新家园。

与此同时,为改变长期形成的粮猪型产业结构,安坪乡借移民迁建契机,调整经济结构,利用全乡拥有30多千米长江江岸线的优势,鼓励移民发展私营运输业务,安坪乡现有几十吨到500吨不等的客货船50多艘。移民公路贯通后,私人购买客货车近百辆,促进了运输业的发展。"就地后靠安置",在奉节县乃至全库区推广,有效地推动了移民工作的开展。

管好移民资金——"打铁还需自身硬"

安坪乡移民任务重,移民建设项目多,当时涉及移民资金3000多万元。冉绍之深知,移民资金属于全国人民,每分钱都必须用在移民身上。管好用好移民资金,是重大的政治责任。否则,既无法向三峡移民交代,也无法向全国人民交代。冉绍之坚信,只有严密的制度和有效的监督才能堵塞漏洞、杜绝腐败,才能保护移民利益。

上级规定移民工程款项实行乡长"一支笔"审批,冉绍之觉得仅靠自己的"一支笔"还难以保证万无一失,便创造了"五支笔"联审制度。即由工程承包人先根据工程进度写出拨款申请书,交工程指挥人员签字证明,然后交移民专干审核签字,再由乡财税所会计对照合同填写拨款申请书,经移民工作站站长审查签字,再报经乡长审批后才能拨款。冉绍之还公开宣布:凡与我有亲戚关系的人,一律不得承包移民工程,请大家监督。

自1993年三峡库区移民工作正式实施以来,安坪乡被确定为首批三峡移民试点乡。安坪三沱村是成建制的移民村,那时这里交通十分闭塞,当地村民经济收入状况十分差。三沱村移民搬迁试点成功,不仅为全乡移民攻破了难关,还为全县乃至三峡库区移民作出了示范,成为移民就地后靠安置的一个典型,被誉为"库区第一村"。

 拓展阅读

重庆三峡大移民

1992年4月3日,七届全国人大五次会议通过了关于兴建三峡工程的决议。这是一项国运所系的重大水利枢纽工程,是开发和治理长江的关键性骨干工程。三峡工程除了建设任务外,最艰巨的就是淹没区的"百万大移民"。三峡工程淹没库区涉及重庆、湖北两省市,其中重庆库区淹没指标和移民搬迁任务量均占全库区的85%左右。

三峡移民搬迁安置工作从1993年开始实施,在2010年圆满完成,分四期进行,历时18年。三峡水库淹没涉及重庆市16个区县,237个乡镇,1421个村,5483个村民小组,受淹人口占全库区的85.4%,受淹房屋占全库区的84.2%。考虑多种因素,三峡移民总数突破规划的113万人,最终移民人数达到140万人,其中重庆库区搬迁安置移民113.8万人。

移民搬迁结束后,为进一步解决移民安稳致富中的突出问题,重庆市从产业扶持、完善基础及配套服务设施等方面实施重点扶持。2016年,重庆市各地开始开展移民工程竣工验收工作。

方永刚
忠诚党的创新理论的模范教员

 导 语

  方永刚（1963—2008），辽宁省建平县人，中共党员。历史学学士、法学硕士、军事学博士。生前系海军大连舰艇学院政治系教授。方永刚长期从事政治理论教学和研究工作，为宣传党的创新理论、发展军队教育事业作出了突出贡献。2007年，被中央军委授予"忠诚党的创新理论的模范教员"荣誉称号。2009年入选"100位新中国成立以来感动中国人物"。

  2007年1月15日，海军大连舰艇学院教授方永刚来到政治系教学楼，讲授本学年的最后一课——"新世纪新阶段我军历史使命"。

  学生们早早地等候在门口。迎着他们的目光，身患重病的方永刚走上讲台，还是那么精神焕发，还是那么声如

第三编 解放思想，锐意进取

洪钟。"今天我给你们上课，感觉很幸福……"方永刚的最后一句话，淹没在一片掌声中。

"我的信仰就是马克思主义"

路，在党的创新理论里，在人民群众的伟大实践中。这是方永刚认准的答案。

1981年秋，方永刚考入复旦大学历史系。四年寒窗，在博览东西方哲学文学、苦读中国几十个朝代兴衰史之后，他把自己的主攻方向放在中国近现代思想史方面。

为什么洋务运动想从实业方面挽救中国，没有成功；为什么戊戌变法、辛亥革命想从制度方面挽救中国，没有成功；为什么中国共产党却能在沉沉暗夜中，找到民族复兴的正确道路？

这，就是科学理论的力量。正是这种力量，在一代代中国共产党人创造性的实践中，改变着国家、民族和每个人的命运。

在这些被改变的命运中，方永刚本身就是其中的一个。1963年4月，方永刚出生于辽西一个有7个孩子的农家，贫穷，几乎是他童年的全部记忆。1978年12月18日，党的十一届三中全会召开。"包产到户"后的全家第一次不用为吃饭发愁了；后来，全家族40口人中有30多人陆续迁至大连，祖祖辈辈生活的那个十年九旱的村庄成了附近闻名的电话村、自来水村，走出了一批批与方永刚一样的大学生……

他明白，所有这些变化，都是党的好理论、好政策带来的。农民之子方永刚朴素的感恩之情，涌泉般汇入学者方永刚的理性思考，汇成了对党的信赖和对党的创新理论的信仰。

像今天的许多中青年理论工作者一样，方永刚的理论研究和传播生涯是在社会主义事业于世界范围内受到挫折的背景下展开的，他对于各种辩论从不示弱。

"没有科学信仰的人是不幸的人，我的信仰就是马克思主义。"方永刚说，"我们做马克思主义理论教员的，自己都不坚信真理的话，怎么让别人相信呢？自己都不感动的话，又怎么去感动别人？"

科学信仰之于共产党员，如同人生的长明灯；科学信仰之于教师，乃师之大德；科学信仰之于任何需要信仰的人，则是一种可以传递、可以倍增、可以扎根的力量。

"我也是农民的孩子"

如果说理论工作者是连接理论和实践的桥梁，方永刚甘愿做那桥上的一块砖石。

他认为，科学理论是从千千万万人民群众的实践中提炼、抽象出来的，理论工作者有责任使党的最新理论成果为群众所掌握，从而转化为巨大的物质力量。

我国加入世界贸易组织不久，方永刚应邀去旅顺口区铁山镇讲WTO（世界贸易组织）对农民的影响。一传十，十传百，很多农民都放下手里的农活赶来听课。"方教授啊，中国加入 WTO 了，咱庄户人可别让它给'踢'着啊！"一位农民喊了一嗓子，"咱种的粮食都不好卖，外国粮食进来更完了！"

方永刚问："大家知道为什么我们这里的小麦做面包掉渣吗？""咱们的小麦品种不行。""对，我们进口的小麦，主要是优质特种小麦。大家放心，国家是时时注意保护本国农民的利益的，我们农民也要科技种田、改良品种，这样才能在国际农产品竞争中不吃亏……"

台下议论纷纷，人们若有所思。报告结束后，一位农民问他："你这个教授咋还知道小麦做面包掉不掉渣啊？"

一位老人执意要见方永刚："孩子，那些个道理到你嘴里，咋都成了我们庄户人的大白话呢？"方永刚没有想到，这位 80 多岁的老人，竟然是躺在担架上听他讲了一上午的课！

方永刚泪流满面："老爷爷，我出生在农村，我也是农民的孩子啊！"

社会越是多元，人们越是迫切地需要科学的理论，在经济发达的城市如此，在地处偏隅的农村也是如此。

"人的生命是有限的，我研究传播党的创新理论没有期限"

2006 年春季开始，回天燕发现丈夫每天下班后都显得特别疲惫。问怎么回事，方永刚满不在乎："我这个人一讲课就好激动，一激动就好出汗，这说明我新陈代谢好！"

好几次肚子疼，方永刚以为是肠胃炎，自己找了点药吃。教研室主任徐明善劝他去医院好好查查，但他总是抽不出时间。2006年11月，方永刚被确诊为结肠癌晚期。

病情比想象的更为严重。主刀的是从大连市请来的最好的外科医生。动了20多年手术，他头一次遇到这么严重的病例。

方永刚在上课

"肠子烂了这么多洞，怎么还能坚持工作？"

"人的生命是有限的，我研究传播党的创新理论没有期限！"方永刚说，"如果有一天生命之钟停摆了，我愿意把它定格在我的岗位上，让有限的生命为太阳底下最壮丽的事业而燃烧！"

2008年3月，方永刚病逝，终年45岁。他用忠诚和青春诠释了对党的无限热爱，对党的创新理论的不懈追求。

（改编自郭嘉等：《使命——海军大连舰艇学院教授方永刚的生命之约》，人民日报、新华社2007年4月3日）

 拓展阅读

孔繁森：新时期领导干部的楷模

孔繁森（1944—1994），山东聊城人，孔子第74代孙。他18岁参军，1966年加入中国共产党。1979年，国家要从内地抽调一批干部到西藏工作，时任聊城地委宣传部副部长的孔繁森欣然赴藏，任日喀则地区岗巴县委副书记。在岗巴工作3年，孔繁森跑遍了全县的乡村、牧区，与藏族群众结下了深厚的友谊。1988年，孔繁森第二次进藏，到任仅4个月，就跑遍了全市8个县区所有的公办学校和一半以上的村办小学。孔繁森把自己一颗火热的心献给了雪域高原。他用胸口为聋哑老人暖脚，用自己不高的收入养育孤儿……他说，西藏的老人就是我的老人，西藏的孩子就是我的孩子。

人们在料理孔繁森的后事时，看到两件遗物：8元6角钱，以及他去世前写的关于发展阿里经济的12条建议。一副挽联道出了藏族群众对他的怀念："一尘不染，两袖清风，视名利安危淡似狮泉河水；两离桑梓，独恋雪域，置民族团结重如冈底斯山。"

丛 飞
赤子大爱，感动中国

 导 语

丛飞（1969—2006），原名张崇，辽宁省盘锦市人，中共党员。1994年参加工作，生前系深圳市义工联艺术团团长。丛飞一生致力于社会公益慈善事业，累计捐款金额超300万元，义工服务时间超6000小时，作为一名歌手为社会公益演出400多场。他先后被评为全国道德模范，被授予全国青少年"身边最让我感动的人"等荣誉称号和中国青年志愿服务金奖、首届中华慈善奖。2009年入选"100位新中国成立以来感动中国人物"。

2006年4月20日，深圳市义工联艺术团团长丛飞因病走完了他短短37年的人生。许许多多被丛飞帮助过或感动过的人，赶来向他告别，向一个高尚而完美的灵魂表达悼念和敬意。

重病缠身依然坚持义演

从 1993 年起，丛飞就经常参加各种义演。他一生参加义演 400 多场。为了义演，多次推掉了商业演出。1998 年 8 月 19 日，正在长沙演出的丛飞听说深圳要举行"奉献爱心，情系灾区"义演，立即推掉商业演出，自己掏钱坐飞机赶回来参加演出，并将在湖南演出的 2 万元收入捐献给了灾区。2000 年秋，正在江苏泰州演出的丛飞接到布吉镇举办"金秋慈善义演"的通知，立即赶回深圳参加义演。

丛飞参与义演，将演出的收入全部捐出，用作公益。1998 年 3 月，他连续举办了 7 场"帮困助弱募捐丛飞义演晚会"，将 15.6 万元的演出收入全部捐给了市青少年事业发展基金会。1998 年 8 至 10 月，丛飞为抗洪救灾义演十多场，并作为特邀嘉宾，在北京人民大会堂为抗洪抢险模范慰问演出。

2003 年"非典"期间，丛飞两次自费到北京参加广场演出活动，慰问战斗在佑安医院、中日友好医院、小汤山医院、凤山疗养院等 21 家医院的 360 多名医护人员。2005 年 1 月，身患胃癌而重病缠身的丛飞强忍剧痛，参加了 6 场为东南亚海啸灾区举办的赈灾义演。

资助 183 名贫困儿童返校园

丛飞的助学之路是 1994 年开始的。那年，丛飞参加在重庆举办的失学儿童重返校园慈善义演,观众席上几百名因家贫辍学的孩子让丛飞想到了自己失学的经历。演出结束,他掏出了身上全部的2400元钱,帮20个孩子完成两年的学业。

从那以后,丛飞开始不断地资助贫困山区的失学儿童,先后20多次赴贵州、湖南、四川等贫困山区,收养孤儿,成为183个贫困孩子的"代理爸爸",这些孩子来自苗族、布依族、白族、羌族、彝族等十多个少数民族。

2002年的贵州助学之行,丛飞白天去学生家访问,晚上搞希望工程义演,为学生筹集学费。7天里,丛飞共演出

丛飞和他资助的孩子在一起

6场，每场基本上是他一个人专场演出，结束时常累得疲惫不堪。朋友劝他别那么拼命，丛飞笑笑说，来一趟不容易，能多做点就多做点吧，孩子们没书读，太可怜。织金县正读初中的王维珊是丛飞那次贵州之行资助的学生。王维珊学习刻苦，酷爱文学，成绩很好，但因交不起学费面临失学。丛飞每年资助她1500元学费，同时资助她家600元生活费。2005年，当王维珊得知丛飞"爸爸"生病后，饱含泪水给丛飞"爸爸"写了一封长信："在这个世界上，有一个给予我生命的父亲，更有另一个让我再生的爸爸。从您的身上，让我知道伟大可以这样的具体，感动可以这样的彻底，爱心可以这样的博大无私。"

为助学欠债 17 万元

丛飞将大笔的钱用于资助贫困孩子，而自己的家只有58平方米，防盗门破出大洞，屋里没有任何值钱的家当。

丛飞生前好友封昌红介绍说，丛飞会唱歌，又能模仿名人，常常把观众逗得前仰后合。在一些城市的商业演出中，丛飞小有名气，每场演出能拿一两万元，多的时候一个月收入十几万元。丛飞健康时，资助孩子们的学费不会有什么困难。

因怕影响演出效果，丛飞坚持演出前不吃饭的习惯，这让他的胃病越来越厉害，经常胃出血。丛飞在深圳没有工作单位，他的主要收入都来源于商业演出。2003年"非典"时期，丛飞的演出机会锐减，收入少了，给孩子交学费的资金变得紧张。丛飞常常是收到一笔演出费后，马上就寄给贫困地区的孩子，要不就是给了残疾人和孤儿，自己根本存不下钱，他自己的钱捐完了，便向朋友们借钱，身边的朋友被他借个遍，欠债达17万元。

2005年5月，他被确诊为胃癌晚期，此时他已经穷得连治病的钱都拿不出。然而病危时丛飞仍没有忘记他资助的孩子们，他从大家捐给他治病的钱中拿出2万元，让好友刘家增捎到贵州山区，继续资助贫困学生。

丛飞的妻子邢丹曾跟他一起去过贵州山区，对他的助学行为理解并支持。邢丹曾说："丛飞超出自己能力的资助，在旁人看来十分夸张，在我看来，却很自然。他性格就是这样，看不得旁人受苦，又经不起别人的哀求。"

2006年4月20日晚8时40分，丛飞走完了光辉的短暂人生。丛飞生命垂危时留下遗嘱，将眼角膜捐给失明者，为社会作最后的奉献。6位眼疾患者因丛飞捐献的角膜而重见光明。

丛飞是伟大的，他的善举与义举足以感动全社会。

 拓展阅读

白方礼：三轮车支撑三百孩子们的求学梦

白方礼

白方礼（1913—2005），河北省沧州市人。生前是天津市河北运输厂退休职工。1987年，已经74岁的他决定帮助贫困的孩子实现上学的梦想。为了梦想，他曾在夏季烈日的炙烤下，在三轮车上昏倒过去；他曾在冬天大雪纷飞的途中，摔到沟里。为了在车站前拉活方便，他搭了个3平方米的小铁皮棚子，在里面住了5年。按每蹬一公里三轮车收5角钱计算，老人相当于蹬着三轮车绕地球赤道18圈。十几年来，他捐款35万元，资助了300多个孩子上学。为了让贫困的孩子们能安心上学，白方礼老人几乎是在用超过极限的生命努力支撑着。2005年9月23日，白方礼老人安详地去世，享年92岁。2019年被授予"最美奋斗者"荣誉称号。

白春礼
逆境厚积，顺境薄发

 导语

白春礼，化学家和纳米科技专家，中国科学院院士，"一带一路"国际科学组织联盟首任主席，中国科学院学部主席团名誉主席，中国科学院大学和中国科学技术大学名誉校长。先后从事晶体结构、分子力学和EXAFS（扩展X射线吸收精细结构）等方面的研究工作。20世纪80年代后转入到纳米科技的重要领域——扫描隧道显微学的研究。在纳米科学的研究上，成就卓著。2019年入选"中国海归70年70人"榜单。

白春礼于1953年9月出生于辽宁丹东。他的父亲曾在公立小学当过教员，喜欢诗词，经常细致而又生动地为白春礼讲解诗词中的蕴义、诗人崇高的气节、远大的抱负。由于受父亲的影响，童年时期的白春礼最爱背古诗词，最

崇拜诗人,最想当作家。

万丈高楼,皆平地起

白春礼在五六岁时发现了一个令他终生难忘的有趣现象,从而改变了他的人生路向。当他将碎酒瓶底置于蚂蚁上方时,发现蚂蚁竟会变大,可以清楚地观察到蚂蚁腿上细细的绒毛。这是为什么呢?一系列深奥的问题令白春礼绞尽脑汁,浓厚的兴趣也由此而生。

1970年9月至1974年9月,在那段遥远的时光里,白春礼曾在内蒙古作为一位生产建设兵团的战士,在广袤的土地上挥洒着自己的青春和热血。来到离家千里的戈壁滩上,听着"一天二两土,今天不够明天补"的民谚,住着"干打垒"的泥土房,领每月5元的津贴,买几分钱半斤的全面粉改善生活;开大卡车,兼文书职,即便是半夜,接到电话的他也得立刻出车,几乎成了他的例行公事。同时他在辛苦的工作之余,自学了初高中的课程,为未来牢固的知识大厦,打下了坚实的基础。

四处求索,提升自我

在1974年的秋天,白春礼踏进北京大学,开始了求学生涯。经过四年的磨炼,1978年1月白春礼毕业于北京大学化学系催化专业，之后被分配到中国科学院长春应用化学所，开始了科研生涯。同年3月，中科大创建了第一个研究生院，为提升自我，他决意考取研究生进一步深造，后来再次考进中国科学院化学所，三年后成为博士生。整整十年，他潜心向学，不断提升自我，正如那一句"路漫漫其修远兮，吾将上下而求索"。

1985年9月，白春礼成了美国加州理工学院博士后和访问学者，走在钱学森、周培源等前辈留下足迹的地方，他凭借自己的天赋和不懈努力赢得了领域前辈的推荐，进入了美国喷气推进实验室，这是美国航空航天局和加州理工大学共同创建的实验室，当年钱学森在这里创下了辉煌成绩。自钱学森冲破阻挠回到中国后，一度让美国对中国人封锁该实验室，他却成为第二个踏足这里的中国人，从事真空扫描隧道显微镜（STM）研究，STM研究在中国还是空白，他成为第一个跻身该领域的中国人，同时用两年时间在该领域发展新技术取得了巨大成就。

1987年白春礼回到祖国，一切困难都在白春礼的预料之中。当时国家科研经费紧张，白春礼的课题组当时的科研经费只有12万元，能有12万元不容易，可12万元对于STM研究来说只是杯水车薪。白春礼这时候只能精打细算，能省就省。他曾扛着锹镐蹬上三轮去垃圾场，从废品里寻找旧螺钉、旧电线和废弃的实验台、破桌椅，活像个收破

白春礼院士出席中国科学院大学 2021 年毕业典礼（图片来源：中国科学院大学官网）

烂的；他曾坐公共汽车到几十公里外的京郊买实验用的机箱，然后扛着箱子在众人的白眼中挤公共汽车回城。

长风破浪会有时，直挂云帆济沧海。1988 年初，白春礼提出的"扫描隧道显微镜学及材料表面结构研究"被列为中国科学院的重点项目，两年拨款 96 万元。1988 年 4 月 12 日，中国第一台计算机控制的 STM 在白春礼的领导下研制成功；随后，原子力显微镜（AFM）、激光检测 AFM、低温 STM、超高真空 STM 等相继研制成功；BEEM 弹道电子发射显微镜的研制达国际先进水平……此后，白春礼 STM

研究小组发展成为一个初具规模的国际水平实验室，他们获得了国家发明专利6项，获国家级、院部级二等奖以上奖项11项，在国内外发表论文400多篇，出版中、外文专著十余部。STM后来被誉为纳米科技研究的"手"和"眼"，推动纳米科技成为一个新的前沿领域。

1995年，白春礼出版了他关于纳米科技的第一部专著《纳米科学与技术》；2000年12月14日，他在国务院科技知识讲座上作了题为"纳米科技及其发展前景"的报告；2001年出版《纳米科技：现在与未来》，同年以国家纳米科技指导协调委员会首席科学家的身份参与制定了《国家纳米科技发展纲要》。

天道酬勤。中国的STM研究凝结着白春礼的无数心血，他辛勤的付出最终赢得了社会的认可。他获得了全国首届青年化学奖、中国科学院青年科学家奖、中国科协青年科技奖、中国青年科学家奖，并被评为国家有突出贡献的中青年专家、全国先进工作者、中国十大杰出青年……

中国STM在他的带领下飞速发展。1993年，他成为STM国际顾问委员会委员，为该组织中唯一中国代表。2011年任中国科学院院长，他带领中科院深入实施"率先行动"计划，加强实质性的国际交流合作，推进中国科技在国际舞台发挥作用，为科技强国建设奠定重要基础。

 拓展阅读

"新材料之王"石墨烯

石墨烯由碳原子组成,是碳的同素异形体,它既有石墨的特征,又有烯烃的特征,石墨是六角形三维分层结构,烯烃是二维平面对称结构。综合起来权威的定义是:石墨烯是一种由碳原子以 sp^2 杂化轨道组成的六角形呈蜂巢晶格的二维碳纳米材料。

石墨烯是世界上已知的最薄最轻最强的材料,号称"新材料之王"。1毫米厚的鳞片石墨=300万片石墨烯;取一块红枣大小的石墨烯气凝胶,放置在动物毛发上,肉眼观察几乎没有发生任何变形;如果能将完美石墨烯膜制作成保鲜膜,把这种石墨烯保鲜膜盖在杯子上面,上面坐一头大象才能让其破裂。

石墨烯有着令人难以置信的物理特性,对于各种各样的领域来说都是具有革命性的存在。比如它可以做触摸屏,因为它是透明导电薄膜;也可能用作超快集成电路,因为石墨烯里的电子跑得非常快,在室温下的电子迁移率超过了硅材料的10倍;它是轻质高强材料,在航空航天领域有非常重要的应用前景;它的电磁屏蔽性质,也可以利用来做隐形飞机、隐身材料……

第四编
自信自强，守正创新

党的十八大以来，以习近平同志为核心的党中央高度重视青年、热情关怀青年、充分信任青年，对青年工作倾注了大量心血。习近平总书记在庆祝中国共产主义青年团成立100周年大会上的讲话中指出："青年犹如大地上茁壮成长的小树，总有一天会长成参天大树，撑起一片天。"青年又如初升的朝阳，不断积聚着能量，总有一刻会把光和热洒满大地。

放眼中华大地，无数正值"茁壮成长"时期的青年们，正用自己的"绿荫一簇"，书写着"青春"的故事。新时代新征程当中涌现了一批批优秀青年和集体，他们是忠于职守的先行者，是为国争光的奋斗者，是脱贫攻坚的实践者……全国亿万青年正以理想者、担当者、吃苦者、奋斗者的姿态，奋进新征程、建功新时代，让青春在强国建设、民族复兴的火热实践中绽放绚丽之花！

景海鹏
奋斗不止，四巡苍穹

 导 语

景海鹏，1966年生，山西运城人，四巡苍穹的英雄航天员。2018年博士毕业于西安交通大学电子与信息工程学院，陆军少将军衔。曾任陆军某部队副部队长，航天员大队大队长、载人航天工程航天员系统副总指挥。现任中国人民解放军航天员大队特级航天员。先后圆满执行神舟七号载人飞行任务、天宫一号与神舟九号载人交会对接任务，天宫二号、神舟十一号、神舟十六号载人飞行任务，成就了四巡苍穹的中国奇迹；被中共中央、国务院、中央军委授予"英雄航天员"荣誉称号，并先后获"八一勋章""时代楷模""改革先锋"称号。

景海鹏小时候家庭十分困难，他还差点辍学。读高中时，他偶然在学校宣传栏里看到一位穿着军装、身材笔直、

威武雄壮的空军飞行员照片，令他羡慕又景仰，飞行的梦想由此萌芽。

然而，圆梦并不容易。景海鹏中学时第一次参加招飞，因身体原因而落选。当时因家里实在贫困，景海鹏的父亲甚至想让他退学。后来经一位电工劝说，父母决定让他再读1年，景海鹏当着父母的面立下了"军令状"。之后，景海学习更加用功，也特别注意身体的素质，最后成功考上了河北保定航校。1985年，景海鹏通过层层选拔，如愿考入空军第二航空预备学校。他顺利毕业，成为一名歼击机飞行员。在做飞行员的13年时间里，他从来没有因为个人原因耽误一次飞行，安全飞行1200个小时，并且还创造了战斗机打曲线空靶30发命中26发的纪录。

砥砺前行，以信念造就辉煌

一次偶然间景海鹏听到了我国开始选拔航天员的消息，他兴奋不已。他开始全身心投入高强度训练、高压力备战、高风险任务，只为实现从优秀飞行员到合格航天员的转变。景海鹏对自己的要求从来都是："出手就出色，完成就完美。"1998年，景海鹏正式成为中国首批航天员中的一员。2003年神舟五号载人飞船成功发射，景海鹏遗憾落选，他更加严格地要求自己，更加刻苦地训练，为之后的每次飞行任务做准备。

2008年，景海鹏终于通过了所有的考核，和翟志刚、刘伯明一起共同执行神舟七号载人航天飞行任务,并和队友完成出舱任务。然而,神舟七号的出舱任务并非一帆风顺,乘组遇到了两次"意外":出舱时舱门险些打不开,后来轨道舱又持续响起火灾报警。在紧急的情况下,翟志刚和刘伯明抱着牺牲的决心,刘伯明请求道:"如果轨道舱真的着火了,你要把返回舱单独分离出去,这样至少可以确保有一人能够生还。"景海鹏含泪说:"我绝对不会也不可以这么做,我不能一人独自返回地球,要回一起回。"最后经过排查,只是仪表的误报,虚惊一场。最终三人一起出色地完成了出舱任务,实现中国人首次太空行走。

景海鹏不仅想要当好飞船"驾驶员",还想要当好太空"专家"。"神十一"任务中,失重条件下心血管功能研究难度很高,他一边反复试验,一边总结摸索,不断提升试验数据的完整度和精确度,最终从天上传回的数据图像、试验结果得到科研专家的高度认可。每次任务圆满成功一切归零,每次任务都是从零开始。

以己度人,作战友的底气

景海鹏不仅自我要求非常严格,训练特别刻苦,经常自己"开小灶",还拉着战友们加班加点。"载人航天飞行99.99分和100分永远是天地之别。地面训练,有差错可以重来;太空飞行,永远没有从头再来的机会。"在景海鹏的字典里,没有"差不多",只有"更完美"和"零失误"。

景海鹏在中国"天宫"空间站内

景海鹏总是给一起执行任务的队友心里带去底气和信心。在神舟十一号飞行任务的起飞阶段,景海鹏让陈冬往外看看,又问"爽不爽",陈冬大声说:"爽!"当时景海鹏担心第一次飞天的陈冬会紧张,就与他对话,转移注意力。而且这个方法挺好,陈冬马上就更加放松了。景海鹏与陈冬执行任务期间出现了一个插曲。一天凌晨,天地话音通信链路突然出现问题。如果问题不能迅速解决,就可能导致任务中止,紧急返回。紧急时刻,他们一边按照地面指令迅速开展在轨排查,一边通过视频写字鼓励地面科研人员:"你们别急,我们挺好。"经过天地共同努力,天地话音系统终于恢复正常。景海鹏与陈冬在神舟十六号的新任务中,面对两名比自己小了整整20岁、毫无飞行经验及太空环境体验的队友组成的"跨代乘组",景海鹏深感责任重大。他经常对两位队友说:"没关系,别紧张,天上有我!"

不被定义,人格魅力闪闪发光

现年57岁的他,似乎过着不被年龄定义的人生。为保持身体状态,他每天600个俯卧撑,600个仰卧起坐,上千次跳绳;在基础理论学习中,晚上十二点前几乎没休息过;超重耐力适应性训练中,承受八倍重力加速度,他从没按下过请求暂停的红色按钮;转椅——超重耐力适应性训练低压缺氧训练中,舱内压力急剧变化,相当于五分钟内从地面爬升到5000米高空,人体会因迅速缺氧出现头晕恶心甚至休克,但他每次都要主动训练30分钟以上;模拟失重训练中,他身着水下训练服,一次就要训练六七个小时,每次训练结束,体重都会减轻好几斤……他说:"现在我丝毫没有觉得我是五十多岁的心脏,五十多岁的体力,五十多岁的状态,我还远远没到服输的时候。事实上,不仅是我,所有航天员大队的航天员都在履行自己的承诺。'坚持坚持再坚持,努力努力再努力,学习学习再学习',这就是我的座右铭。"

景海鹏曾说:"第一次飞天是实现梦想,第二次飞天是超越梦想,第三次飞天是升华梦想,第四次飞天是创新梦想!"伴随着航天事业的蓬勃发展,景海鹏用特有的热爱和执着,如火般点亮着自己的人生,注定在中国载人航天史上，留下浓墨重彩的一笔。对于自己的热爱，我们也要迎难而上，努力不一定会成功，但不努力一定不会成功。我们应像景海鹏那样在努力中接近梦想，在坚持中创造奇迹。

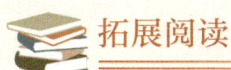 拓展阅读

邓清明：24年的坚守

邓清明，江西省抚州市宜黄县人，硕士学位。1966年3月出生，1984年6月入伍，1988年10月加入中国共产党，现为中国人民解放军航天员大队特级航天员，大校军衔。曾任空军某师某团某飞行大队副大队长，被评为空军一级飞行员。1998年1月入选为我国首批航天员。

2022年11月29日，邓清明与费俊龙、张陆共同执行神舟十五号载人飞船发射任务，在酒泉卫星发射中心顺利升空；6月4日，神舟十五号载人飞船返回舱在东风着陆场成功着陆，神舟十五号载人飞行任务取得圆满成功。

从进入航天员大队到第一次执行航天任务起，邓清明经历了无数的训练和考验，曾四次进入航天员候补名单，四次梦想落空，但为了追逐那片属于宇航员的蓝天，他从未放弃过，经过整整24年10个月，他心中的梦想终于实现。

王书茂
寸步不让,为国护海

 导 语

王书茂,1956 年生,海南琼海人。中共二十大代表、"七一勋章"获得者、海南省琼海市潭门镇潭门村党支部书记、潭门镇海上民兵连副连长。他是一名普通的渔民,祖祖辈辈以捕鱼为生;他又是一名光荣的南海民兵,自 1985 年主动申请加入民兵组织起,便将守护南海作为毕生使命,1996 年在岛礁建设工地火线入党。多年来,他参与多项国家重大涉海工作,在南海维权斗争中冲锋在前,不怕牺牲、寸步不让,为维护我国领海主权和海洋权益作出杰出贡献。

王书茂 18 岁时就开始跟随父辈闯海,不仅掌握娴熟的开船、潜水、捕鱼技能,而且十分熟悉海情海况,成为当地捕鱼致富的领头人、船老大中的佼佼者。20 世纪 80 年代

初，王书茂拥有了一艘属于自己的 30 余吨的木船，是潭门村第一批当船主的人之一。随着耕海岁月的增加，他的渔船吨位逐渐增加，60 吨、80 吨、100 吨……

带头捕鱼致富的船老大

潭门镇，位于海南省琼海市东部沿海。潭门渔民自古以来就在南海上耕海牧渔，生活全靠大海的馈赠，南海是他们心中亲切的"祖宗海"。

1985 年，南沙渔业生产重新恢复。王书茂是最早一批到那里出海的渔民之一。2013 年，王书茂积极响应政府号召，首当其冲，承包了一艘 850 余吨的钢质渔船，带头开大船、闯远海。他不仅想着自己一人致富，还积极带领渔民共同致富。当时很多村民担心投入资金太大有风险，观望不定。他及时分享承包心得，打消村民顾虑。民兵连三排排长王振福与民兵连三排六班班长陈则波是在王书茂带领下成功致富的典型。他们从小就跟着王书茂学开船、潜水、抓鱼。至 2020 年，王振福已从一名一穷二白的渔家少年，成长为驾驶大型渔船的船长，年收入 40 多万元。陈则波也已当了 20 多年的船长，"当年我 13 岁出海，还是少年，什么都不会，不懂的事就向茂哥请教，他从来不会保留，看到我做错的地方，也会指出来。几十年他一直如此，对其他人也这样关心帮助。"如今，全镇已有上百艘具备远海作业能力的大型渔船。

"为国护海"深刻心中

王书茂与所有潭门渔民一样，都有着根深蒂固的爱国爱海之情。20世纪90年代以来，潭门渔民正常作业，却经常遭到部分周边国家的无理驱赶、袭扰和抓扣，要求渔民在所谓的"认罪书"上签字。面对威逼利诱，没有一个潭门渔民屈服。一次次被无理抓扣激发了潭门人骨子里的爱国之情，他们积极踊跃地加入民兵连，投身南海维权斗争、南沙岛礁建设。2014年5月，王书茂率领民兵连10艘渔船、200多名民兵骨干，守护钻井平台，有力地维护了南海主权不受侵犯。"永远红心向党。"王书茂说："作为一名党员，'为国护海'四个字，已深深刻在我心中。"

在南沙相关岛礁建设中，王书茂不仅自己主动请缨，还带领家人一起开船运送建筑材料，留下了"三代同堂建设南沙"的佳话。多个岛礁都曾留下他挥汗如雨的身影。

参与建礁使命光荣，他每次都豁出命地干。1998年1月的一天，运送建设岛礁物资的渔船突遇9级狂风，4米高海浪击打木船。王书茂沉着指挥民兵连在船头抛锚，船头迎着浪头，在海上漂了4天4夜，鬼门关前走了一遭。他说："就是把命丢了，也要把党和国家交给的任务完成好。"30多年来，王书茂带领民兵连兄弟全身心扑在岛礁建设上，累计出动渔船800多批次，运送各类建材400多万吨，协助完成了多个岛礁的施工任务。

不论海上岸上，共产党员的责任不能放

王书茂不仅在岸上尽职尽责，在海上他也同样担起了共产党员的责任。自古行船半条命。每遇渔民遇险，王书茂总是第一个冲出来救人。1996年冬季的一天，东北季风达七八级，离潭门港20多海里的海域，一艘木船发动机损坏，船上20名渔民有生命危险。他得知后，立即带人顶风出海搜救，搜救一整天，终于救回渔民，拖回渔船。遇到他国渔民遇险，王书茂同样伸出援手。南海风高浪急。多年的行船历程中，王书茂组织渔民抗击台风、开展生产自救120多次，救援渔民600多人次。

近年南海渔业资源衰减，保护海洋生态意识增强，潭门上百艘木质渔船需转产转业，王书茂又带头将自己的两艘渔船租赁出去，积极投入到休闲渔业的宣传推广之中，带领群众探索致富新思路。截至2021年，全镇已有近400位渔民分别组织成立了5个休闲渔业合作社，发展海上垂钓、民宿等第三产业。

如今，潭门镇的休闲渔业蓬勃兴起，镇容镇貌焕然一新，特色民宿远近

王书茂

闻名，海鲜餐饮店发展达167家。曾经默默无闻的潭门镇已成为南海渔业文化旅游名镇，年均接待游客量160万人次。2021年，在党员和群众的拥护和支持下，王书茂被推选为新一任潭门村党支部书记。村民们期待他带领全村走得更好、更远。"只有让南海越来越美丽、乡亲们的日子越过越好，才无愧于'七一勋章'，无愧于共产党员的身份。"王书茂说道。

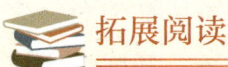 拓展阅读

"七一勋章"

"七一勋章"是中共中央用于表彰全国优秀共产党员、全国优秀党务工作者和全国先进基层党组织的荣誉，是党内最高荣誉。勋章获得者一心向党，全心全意为人民服务，不忘初心、牢记使命、砥砺前行。他们的事迹可学可做，他们的精神可追可及。中共中央号召全体党员干部和群众学习他们牢记宗旨、一心为民的公仆情怀，学习他们勤恳干事、艰苦创业的优良作风，学习他们开拓进取、勇于创新的时代精神。

2021年2月，中共中央办公厅印发《通知》，以中共中央名义首次颁授"七一勋章"。2021年6月29日10时，"七一勋章"颁授仪式在人民大会堂隆重举行。根据《中共中央关于授予"七一勋章"的决定》，授予29名同志"七一勋章"。

叶 聪
潜入深海,勇攀高峰

 导 语

  叶聪,1979年生,湖北黄陂人。现为中国船舶重工集团公司第七〇二研究所副所长。历任"蛟龙"号载人潜水器主任设计师、首席潜航员,"深海勇士"号载人潜水器副总设计师、全海深载人潜水器总设计师,"奋斗者"号总设计师、万米海试总指挥。曾获"载人深潜英雄"荣誉称号和"全国五一劳动奖章""中国青年五四奖章"。2021年6月,被中共中央授予"全国优秀共产党员"称号。

  从自主设计的7000米载人潜水器"蛟龙"号,到自主研发的4500米载人潜水器"深海勇士"号,再到探底马里亚纳海沟的全海深载人潜水器"奋斗者"号,这些"大国重器"的背后离不开一个人,他就是中国船舶集团有限公

第四编　自信自强,守正创新

司第七〇二研究所副所长叶聪。

20年来，他先后担任"蛟龙"号主任设计师和首席潜航员、"深海勇士"号副总设计师、"奋斗者"号总设计师，参与并见证了中国深海事业一步步跻身国际领先水平。

无惧挑战的"深海的哥"

叶聪自从2001年哈尔滨工程大学毕业来到七〇二所后，正值历时十多年申请的7000米大深度载人潜水器接近立项，从此开启了他与"蛟龙"号共同成长的十余年历程。

2002年，"蛟龙"号深海载人潜水器被列为我国863计划重大专项。第二年，年仅24岁的叶聪被任命为"蛟龙"号主任设计师，负责总布置设计。在此之前，中国潜水器下潜的最大深度只有600米，大深度载人深潜更是一片空白。从600米到7000米，所面临的技术难题绝不仅仅是数字上的增加，高压、密封、耐腐蚀、绝缘等问题都亟待解决。越是困难越要上。2011年7月，叶聪完成了"蛟龙"号第一次5000米级别的下潜任务，在海试现场光荣地加入了中国共产党。他说，每次关键的下潜前，他都会立下"请祖国放心，我们坚决完成任务"的铿锵誓言，这是支撑他驶向深蓝的持久动力。

作为我国7000米级载人作业潜水器的主驾驶员，叶聪承载着国人"下五洋捉鳖"的梦想。也许会有人对他担当的潜航员角色充满羡慕，但熟悉叶聪的人都知道，作为蛟龙号

叶聪与"蛟龙"号模型合影

的主驾驶员,下潜背后需要承载多大的风险和挑战。作为我国自主研制的第一台大深度载人潜水器,各项性能指标都需要进行大量的海上试验来验证和改进。而试验背后的风险是显而易见的,下潜就意味着置个人安危于度外。从2009年至2012年的四年海试期间,蛟龙号共下潜51次,他承担了其中38次下潜试验主驾驶任务。中国载人深潜事业由零起步,叶聪的每次下潜,不仅仅是挑战中国载人深潜的纪录,更是他对自我的超越。对于潜航员而言,长时间的深潜并不是件舒服的事,但他从不叫苦抱怨,圆满完成了一次次的下潜任务。海试期间,他凭借个人的沉着冷静,多次有效处理了潜水器水下故障,保证了潜水器和人员的安全。

迈向多型潜水器总师路

叶聪一路伴随着"蛟龙"号成长,从当初初出茅庐的毛头小伙逐渐成长为项目副总设计师、总设计师。角色不断跨越，担子越来越重，面对新的挑战，他将所有压力化作前行的动力，"蛟龙"号十年研制锤炼而成的载人深潜精神，在他身上淋漓尽致地彰显出来。在开展"蛟龙"号研制的同时，从2009年到2017年，历经八年持续艰苦攻关，他所在的载人深潜团队又完成了"深海勇士"号的研制。作为"深海勇士"号载人作业潜水器的副总设计师和总质量师，叶聪全面负责总体方面设计工作，同时严格肩负起总质量师的职责，精益求精地把关好研制过程中的每个环节。在总装联调和水池试验阶段，为了确保潜水器研制进度和质量要求，他指导制定了合理的质量计划书和故障排查措施及检验方法，实行每周周报制度，对试验过程遇到的每个问题，他都会与大伙一道仔细分析，提出建设性意见，身边的同事常常被他强大的专业知识面和工作能力所折服。同时对所有已解决的故障和问题，他都会严谨细致地做好检查和确认，绝不放过任何一个可能的隐患。

2017年，"深海勇士"号4500米载人作业潜水器顺利完成海试工作并交付验收，国产化率达到95%，全面带动了国内深潜装备产业技术的发展，将对我国和国际载人深潜技术的发展起到引领作用。此外，他还承担了世界最大、国内首型自主研发的全通透观光潜水器的总设计师任务。如今两艘全通透观光潜水器已投入商业试运营，促进了载人深潜技术成果的产业化，开启国人看海观海的新维度。

向着万米深海再出发

　　2016年7月，国家重点研发计划"全海深载人潜水器总体设计、集成与海试"项目正式立项，37岁的叶聪正式挂帅总设计师。这意味着中国人的蓝色梦想正在向更深处拓展，作为总设计师，他全面谋划做好顶层策划，把握技术方向，协调好参研单位的研制进展；同时积极推进我国载人深潜研制梯队的建设，给年轻的主任设计师们压担子，并以身作则全身心投入技术攻关中。目前，全海深载人潜水器完成设计，转入全面建造阶段。未来科学家将随着它深潜万米海底进行科考，探索深海大洋的未知世界。在繁重的科研管理工作之余，叶聪还努力平衡、肩负好自己的社会责任。随着国人的海洋意识逐步增强，海洋科普也愈发重要。作为中国载人深潜第一人，自2012年以来叶聪在大中小学、图书馆、科技馆等各类场合进行了数十次有关"蛟龙"号的科普讲座，在他看来，"能够增进社会大众对于海洋科技的了解，在学生、青年中播撒下'蓝色海洋梦'种子，这也是船舶科技工作者义不容辞的使命！"

 **拓展阅读**

深海载人潜水器发展简史

　　载人深潜器（HOV），是满足人类探索深海好奇心的利器。目前，中国、美国、俄罗斯、法国和日本都有自己的载人深潜器，其中美国"阿尔文"号研制于 1964 年，设计深度 4500 米，可以在水下工作 8 小时，已经完成了包括沉船搜索、海底探测等 5000 多次潜航探索。法国"鹦鹉螺"号可下潜至 6000 米的深度，已经完成了 1500 多次的下潜，可用于海底生态调查、沉船搜索等任务。俄罗斯"和平"号于 1987 年建成，可下潜至 6000 米，维持约 12 小时的水下操作。日本的"深海 6500"号建成于 1989 年，潜深达 6500 米，可容纳成员 3 人，主要用于探测研究海底地震与海底火山。以上国家均在 20 世纪 90 年代前完成了现代载人深潜器的制造。

2002 年，我国的载人深潜器作为"十五"期间"863"重大专项计划被立项，在国家的大力支持下快速发展。2012 年，"蛟龙"号通过了 7062 米的潜深测试。"蛟龙"号的成功研制振奋人心，为我国载人深潜器的快速发展奠定了基础。除"蛟龙"号外，我国还有"深海勇士"号、"奋斗者"号和"彩虹鱼"号等国产深潜器。其中"深海勇士"号设计深度 4500 米，参与了多次冷泉、海底矿物和海底生物等的探查。"奋斗者"号于 2020 年在深度 10909 米的马里亚纳海沟成功坐底，刷新了我国载人深潜的纪录。"彩虹鱼"号设计深度 11000 米，主要借助社会力量自主建造。

（资料来源：《海洋世界》2023 年 1 月 23 日）

赵鹏菲
坚守本心，呵护梦想

 导 语

  赵鹏菲，河北省唐山市人，是一位 90 后体育专业的研究生。2016 年，赵鹏菲因为一句承诺，选择前往河北省石家庄市平山县上文都完全小学担任一名特岗教师。因山区老师稀缺，他要教语文、数学、体育等 6 门学科。三年特岗教师服务期满后，他为了山区里的孩子选择留下继续任教，成为山区孩子们的"守护人"。

  河北省西部的平山县，地处偏远，经济落后，交通不便，教育资源稀缺。90 后研究生放弃在大城市的发展机会，选择前往平山县支教，且为了山区里的孩子选择留下继续任教，成为山区孩子们的"守护人"。这个人就是赵鹏菲。

条件艰苦，他继续支教

为什么去支教？因为一句承诺。在赵鹏菲心里，这句承诺比自己的前途更为重要，也是因为这句承诺，他的人生轨迹发生改变。他的女朋友一心想要投身于教育事业，得到机会能去尼泊尔支教两年，即使是异国他乡，她也依然决定奔赴尼泊尔完成自己的支教梦想，但是放心不下家中的父母。赵鹏菲虽然心有不舍，但还是支持女朋友的选择，承诺由自己去照顾双方父母。为了方便，他去往了平山县的一个小学担任特岗教师。在进学校之前，他已经做好了心理准备，但他没有想到的是，这一所小学因为地处山区，条件更加艰苦。前往学校的路只有一条土路，下雨的时候，泥土飞溅，山路泥泞不堪，极难通行。而走进校园中，周围教室都是低矮平房，由普通砖瓦搭建，教室里几乎没有教具，更没有多功能设备，学校里没有信号不能上网，甚至打电话都要到离学校很远的地方……面对如此艰苦的环境，赵鹏菲起初感到沮丧失落。他想，如果没来这里，此时自己或许在大城市，坐在舒适的办公区，未来一片美好。想到这些，赵鹏菲再也抑制不住，在夜深人静大哭了一场。赵鹏菲的导师、亲戚朋友们都不赞成他的选择，都认为一个研究生不应该被埋没在小山村之中。

赵鹏菲也曾动摇过，但每当想到身处异国女朋友仍在支教事业中坚守着，想到在这所小学中仍有许多双求知的

赵鹏菲在上语文课

眼神,仍有许多个未曾实现的梦想,赵鹏菲决定振作起来,留在这里任教。

因为是体育专业出身,赵鹏菲开始在这所小学担任体育课老师。为了让学生们能更好地运动锻炼,赵老师经常自费给学生们买运动器材;为了让学生们对运动感兴趣,赵老师丰富自己的课堂,带领学生们玩游戏,教他们新的活动项目……学生们都非常喜欢赵老师,赵老师的教学方式,让他们有了更丰富新奇的运动体验,运动的兴致也越来越高。

师资不足,他"身兼多职"

由于条件简陋,学校缺乏师资力量。刚入职不久,赵鹏菲不仅要担任全校的体育老师,还需担任六年级的班主

第四编 自信自强,守正创新

127

任老师，同时教授语文、数学、英语、品德、科学。他经常开玩笑说："以后学生可以说自己的语文是体育老师教的了。"其实他和学校另外六名老师一样，都同时"身兼多职"。他原以为以他的研究生学历足以胜任小学课程老师，但发现自己还差得很远，在上课时会经常遇到一些困难，比如课堂不够生动，知识点讲解不透彻等等。要想给学生一杯水，自己必须先有一桶水。为了弥补自身的不足，他会及时请教其他同事；为了提高课堂表现，他会一遍又一遍进行备课演练；为了提高专业水平，他经常到其他老师课堂上旁听，并且将课余时间全部用来学习知识充实自己。由于教课经验积累，他渐渐摸索出一套独特的教学方法，比如语文课结合旅游经历讲古诗，数学课利用口诀讲公式……这些方法让课堂变得生动有趣，氛围轻松和谐，让知识也更加通俗易懂，学生们在他的带领下成绩有了明显提升，他的课堂也成了学校的优秀典型。他还主动申请走教，到不远处的孟家庄元坊小学担任体育老师，让更多的学生感受体育课堂的魅力。

一名好的老师应该要具备对教育、专业、学生的挚爱之心，能够正确处理师生关系。赵鹏菲正是这样一名好老师。他认为最好的师生关系是上课时候是师生，下课后是朋友。在学校经常会有学生围在赵鹏菲身边，听他讲故事，跟他分享小秘密。

扎根山区,他为教育做贡献

特岗教师的聘期为三年,其实三年之后,赵鹏菲大可以走出山区回到大城市寻求更好的发展,甚至还能享受到特岗教师这一经历带来的政策优惠,当然还有另外一种选择,那就是留下来继续教授这些山区的孩子。父母也曾劝他回到条件优越的大城市发展,不过此时赵鹏菲的心里却满是与山区孩子们相处的一点一滴,于是他做出了一个令人意外的决定,那就是选择留下来扎根山区,为山区的教育做贡献,帮助更多山区孩子走出大山。他的决定令人钦佩,不是所有人都会选择留在贫苦山区为山区孩子们点燃希望,既然赵鹏菲选择留下就说明他已经做好了忍受山区生活条件艰苦的准备,这需要无比巨大的勇气。

盛年不重来,一日难再晨,及时宜自勉,岁月不待人。也许每个人都会迷茫生活的意义究竟在哪。赵鹏菲就给包括广大青年在内的所有人树立了一个很好的榜样,他坚守初心,对自己的选择无怨无悔,努力去当好山区孩子们心中的好老师。坚守是为了梦想,是为了责任与使命,是为了温暖与爱……坚守本身就是我们存在的意义与价值所在。希望所有人都能坚守生活,坚守学习,坚守热爱,乐观积极,敢于追梦,不负韶华、忠于岁月。

 拓展阅读

南昌大学龚全珍研究生支教团

南昌大学龚全珍研究生支教团成立于2006年,继承弘扬了开国将军甘祖昌的夫人龚全珍艰苦奋斗、为民服务的革命精神。17年来,南昌大学龚全珍研究生支教团坚持输送志愿者到江西共青城、瑞金,云南保山,贵州罗甸等地服务,致力于推动志愿服务地区的文化帮扶、教育扶贫及乡村振兴。

研支团的一批又一批志愿者们坚持以实际行动践行青春担当,敢想敢为、善作善成,以满腔热血投入到志愿公益事业中缔造无悔青春。支教服务时,他们跨越层层高山,走过蜿蜒山路,始终用更严格的标准、坚定的信念确保教育工作提质保量。他们坚信只有让自己多吃苦,才能保障孩子们多收获!他们攻坚克难,在艰苦朴素的支教中绽放最绚丽的青春华彩!

研支团贯彻"用一年不长的时间,做一件终生难忘的事"的理念,他们怀揣着激情与热血在支教征程中,以"敢拼、敢闯、敢创"的精神扎根在支教服务的第一线。

甘 霖
中国超算，扬威世界

 导 语

甘霖，1988年生，中共党员，团江苏省委副书记（兼职）、共青团无锡市委副书记（兼职），现任国家超级计算无锡中心主任助理、研发中心主任，兼任清华大学高性能计算研究所副所长、地球系统数值模拟教育部重点实验室副主任。作为"神威·太湖之光"超级计算机研发团队负责人，为"中国芯"量身打造系统与软件生态，支撑"九章"量子计算机、全球气候变化研究等重大工程。2018年10月，因超级计算机背后的年轻人让"中国速度"扬威世界事迹，入选"中国好人榜"。2023年5月，荣获第27届"中国青年五四奖章"。

甘霖本科毕业于北京邮电大学信息与通信工程学院。2011年，进入清华大学计算机科学与技术系攻读博士学位，师从杨广文教授和付昊桓教授，正式开始了"超算进行时"。党和国家高度重视科技和创新工作，2016年正式发布的"神威·太湖之光"超级计算机，由国家并行计算机工程技术研究中心研制，是国家科技创新领域的国之重器，全面采用国产高性能处理器，2016年、2017年连续四次蝉联世界超算排名榜单TOP500第一名。

国之重器，青春华章

时间回到2015年12月，正在读博士的甘霖，和一群平均年龄只有25岁的年轻人，怀揣梦想，来到太湖之畔。这群年轻人深知自己肩负着一个重要使命，设计基于"神威·太湖之光"超级计算机的天气气候应用软件等。2016年11月，由中国科学院软件所、清华大学、北京师范大学等单位共同取得的成果"千万核可扩展全球大气动力学全隐式模拟"获得世界超级计算机应用最高奖"戈登·贝尔奖"，甘霖成为获奖团队成员。

"一代人有一代人的使命，一代人有一代人的担当。"科研传承已然形成。两年冲击"戈登·贝尔奖"的经历，让甘霖从青涩的学生成长为团队的科研骨干之一。甘霖与团队青年科研人员进行讨论时，甘霖说起自己所在的团队，有了新的感悟："我所在的是一支非常年轻的研发团队，我们赶上了国家对科技创新和青年高度重视的时代，让我们在奋斗之初就能有'神威·太湖之光'这样的国之重器来使用，让我们能够站在更高的平台上取得新的突破。团队取得的每一次成绩，都是我们的奋斗进程中的一个小节点，是对我们过去工作的肯定，更是对我们未来取得新突破的激励。"

愚公移山，履践致远

甘霖回忆起自己和团队成员攻关一个气候模式研究任务的情景，任务需要优化的程序代码极为复杂，有近百万行体量代码。他们需要做的，就是把这样一座"大山"搬移到国产超算系统上。攻坚克难的关键时期，需要争分夺秒、抢抓时间。有的时候，为了精确定位和排除一个细微的程序错误，就需要花费几天甚至是几周的时间。"耐得住寂寞，经受住风雨"成为他们的座右铭，夜晚灯火通明的机房也成为当时国家超级计算无锡中心所在大厦的一道独特的风景。

最终，甘霖所在团队成功实现了"超大规模气候模式模拟"，运行规模在当时是国际上最大的。这项工作一直持续到现在仍在不断的维护和更新，论文在2017年成功入选了全球仅有3项的"戈登·贝尔奖"提名。

甘霖与团队青年科研人员交流沟通这段经历，甘霖印象最深的是每到任务冲刺的关键节点，他们都会全力扑在任务上，甚至是在路上、宿舍里、食堂里，探讨的也全是技术问题。有的时候还会因为意见不同而起争执，边吃饭边"吵架"。这样"抑扬顿挫"的科研氛围,是非常有趣的。很多创新成果的雏形,可能就在不同观点的碰撞和反复尝试之中逐渐显现。作为一名科技工作者,甘霖在工作中也有了自己的研究心得:第一要不断学习和提高自己,特别是高度重视创新,紧跟最前沿的技术,勤奋学习不懈怠;第二要学以致用,敢于挑战最难的问题,不断锻炼自己、提高自己;第三要敢于尝试不同的思路,突破常规思维限制;最后要不怕失败,有的时候失败是总结教训、有更好突破的垫脚石。

致力科普,传递热爱

"如此复杂的超算,你要怎样讲解才能够让小朋友都明白呢?"超算的科普,成为甘霖和团队小伙伴们科研之外的一项"甜蜜的差事"。他们会在工作之余走出去,传播和科普科技创新成果。国家超级计算无锡中心是全国爱国主义教育基地,这里除了有一台"神威·太湖之光"超级计算机在夜以继日地运行外,还配备了一个展厅,向慕名而来的各领域观众介绍国家超算的发展

甘霖与青少年朋友交流

历程，累计接待访客超 4 万人次。

在超算中心的展厅里，甘霖常常接待前来参观的大中小学生，带领他们参观"神威·太湖之光"。起初，他的讲解枯燥无味，但是通过不断地摸索、实践和总结，他慢慢开始用浅显易懂的例子，去解释深奥的超算技术，让更多人理解超算的本质——买票时，发现售票处只有一个窗口，这就像是我们每个人平常使用的个人电脑，而中国的"神威·太湖之光"这样的超级计算机，就相当于拥有了四万多个售票窗口，这个类比就让更多人一下了解到超级计算机的威力所在。他们也意识到了科普教育平台的重要性——"通过团组织、青联、爱国主义教育基地等平台，能够与青少年建立起亲密的联系。"甘霖认为，我国有很多类似超算这样具有创新性的科研成果，如果放在十年前也是异想天开，但是很多看上去天方夜谭的想象，今天我们大多都实现了，所以不要扼杀人们的想象力，没准这些人里，就有下一代超算人的好苗子。

这些奋斗的日子、搬过的"大山"和讲过的故事，让甘霖和所在团队铭记，中国超算一步一个脚印，发展到现在的百亿亿次每秒计算能力，是一代又一代超算人接续奋斗的结果，也是国家科技进步的一个缩影与句点。2023 年 5 月，甘霖荣获第 27 届中国青年五四奖章。"继续保持艰苦奋斗、吃苦耐劳的精神，保持恒定且执着的劲头"，则会在甘霖所为之奋斗的青年团队里接续传递。

 拓展阅读

江风益：科研路上十九年磨一剑

江风益，1963 年生，江西余干县人，2008 年任南昌大学党委委员、副校长，2011 年任国家硅基 LED 工程技术研究中心主任，2019 年当选中国科学院院士。

2016 年 1 月，江风益及其团队研发的"硅衬底高光效 GaN 基蓝色发光二极管"项目获得 2015 国家技术发明奖一等奖。早在 20 世纪 80 年代，美国 IBM 公司就在研发这个技术，但后来放弃了。此后，有不少从事这方面研究的人和企业，但大多都失败了。江风益的团队就是在这种背景下涉足这个领域的。

说起产品研发的过程，江风益轻描淡写，并称自己和团队是幸运的，每次实验都会有进展，总会看到希望。但了解的人都知道，这项技术和产品的背后是"十九年磨一剑"的坚守。国家"863"专家组评价该项目道"改变了目前日本日亚公司垄断蓝宝石衬底和美国 CREE 公司垄断碳化硅衬底 LED 照明芯片技术的局面，形成了蓝宝石、碳化硅、硅衬底半导体照明技术方案三足鼎立的局面"。

（资料来源：《江西日报》 新华网、南昌大学）

李建昀
钢铁战士，热血铸魂

 导 语

李建昀，1985 年生，中共党员，现任广东省江门市公安局打击走私支队二大队三级警长。在一次追捕走私犯罪嫌疑人行动中，身受重伤失去左腿，但他装上假肢 8 个月后便重返岗位投入工作，坚守在打击违法犯罪第一线。参与破获盗窃、走私案件 30 余宗。先后荣获全国"人民满意的公务员"，全国特级优秀人民警察，广东省最美基层民警等。2023 年 5 月，荣获第 27 届"中国青年五四奖章"。

警察就是城市的光，照亮了黑暗的角落。警察是社会安定的守护者，是公正严明的执法人，是人民安全的忠诚卫士。"人民公安为人民"，成为警察是多少人小时候的梦想。1985 年出生于海南省文昌市的李建昀也是如此。"我的

梦想就是当警察,"李建昀说,"小时候的我有些调皮,镇子上的人都知道我,那时候所有的零用钱都买了玩具枪,就是想当警察。略微大点,喜欢看《便衣警察》《金色盾牌》《永不瞑目》……感觉镜头里面的警察叔叔特别神气,那就是我长大后想成为的模样。"

追寻理想,不留遗憾

然而理想却没有成为现实。李建昀在高考时并没有报考警察院校,而是选择了湖南工程学院市场营销专业,毕业后回到海口,走进电信公司成为一名市场督导,工作稳定,后来结了婚成了家。所有人都认为李建昀生活幸福,日子也会越来越好,但是李建昀却不这么认为。李建昀说:"感觉工作特别没有意思,每天都无精打采,除了上班就是看电视,打游戏,那种精神气就不是年轻人该有的状态。"李建昀非常想做出改变。

追寻理想,李建昀翻开了人生的新篇章。2012年春节,李建昀父亲的一个朋友返乡过春节,这个朋友在广东江门做警察,李建昀特别羡慕,说自己儿时的梦想就是当警察,那个朋友打趣他说:"想当警察,就去报考呀,你现在的年纪也合适,我们鹤山市公安局要招警,你要不要为了梦想尝试一下?"一句玩笑话,李建昀却当真了。他心底还是想成为一名警察,还是想完成自己儿时的梦想。他将自己的打算跟家里说后,所有人都反对。他的妻子觉得丈夫如果真的当上了警察,两个人就是异地婚姻,离自己太远,而且警察是高危职业,不想让丈夫去冒险。面对家人和妻子的不赞成,李建昀却坚持"当警察是我儿时的梦想,这可能是最后的机会了,倘若不把握,或许就是我一生的遗憾。我想去挑战一下,哪怕失败了,也想为梦想努力一回。考不上,我就回来安心上班。"就这样,李建昀从此踏上追梦之旅。

重新出发,热血青春

李建昀成功通过了层层选拔,终于来到了鹤山公安局。最初的新警培训对他来说是极大的挑战,第一次跑 2.7 公里,李建昀才跑了一半别人就已经跑完,初次练习射击也全部脱靶。"只能加倍苦练,早上 6 点半起床,晚上 9 点半收操,全然不敢放松,所有人结束了,我还要加练,不管是练力量,还是练体能,吃饭的时候,我就逼迫自己多吃,因为只有增体重,才能增肌。三个月,体重增长 20 斤,最初跑步倒数第一的我已经在前面领跑,擒拿格斗也可以辅助教练对队员进行教学。"李建昀一直努力地提升自己。

2014 年 1 月,李建昀第一次穿上警服,戴上肩章,别上警号,终于圆了自己从小以来的警察梦。当一名警察是光荣的,但他知道身上肩负着的责任更重了,必须尽全力履行好自己的职责。刚刚入警的李建昀被分配到鹤山市公安局刑巡大队,成了一名巡警。他每天巡逻八个小时,主要职责就是预防和制止犯罪行为,协调处理民事纠纷。虽然和想象当中的警察生活不太一样,李建昀却找到了自身的价值感。

因为热爱,所以执着

在李建昀巡逻三个月后,鹤山市公安局挑选身体素质出色、综合能力过硬的同志加入新成立的鹤山市公安局特警中队。李建昀也被选中,转而成为了一名特警。特警的训练十分辛苦:每天负重30公斤跑5公里,翻动400斤轮胎,20米高空索降,各种反恐处突训练……李建昀都咬牙坚持了下来。公安特警经常要处置各种突发性急难险重事件,面对的是

热情、阳光的李建昀

诸如精神病人、吸毒分子劫持人质、抢险救灾等危急和突发警情，稍有不慎，极有可能导致自身伤亡，但每一次李建昀都毫无惧色冲在最前。在一次打击走私行动中，李建昀因公负伤，血染战袍，失去左腿，与死神擦肩而过。

如今的他，不能久坐，也不能久站，但他从未放弃最初的梦想，凭借顽强的毅力，重新回到打击犯罪一线，他说，"装上假肢，我还能当警察。"装上假肢后，他依旧像往常一样积极地面对工作和生活。2023年5月，李建昀获得第27届中国青年五四奖章。他说："我只是一名普通的人民警察，能获得这么高的荣誉，我感到万分荣幸和激动。这既是对我以前的肯定，更是对我今后工作的激励。无论在哪一个工作岗位上，我都会一如既往地贡献自己的全部力量。"

天可补，海可填，南山可移，日月既往，不可复追。李建昀为了寻找自我的价值，放下了安逸的生活，把握机会投身到自己的理想事业当中。在成为一名警察之后，李建昀始终坚持"人民公安为人民"，即使身受重伤也无悔自己的选择，用实际行动彰显了一名警察的担当、忠诚与执着。

 拓展阅读

廖竹生：身残志坚，自强不息

廖竹生，1997年9月出生在江西省赣州市，获第27届中国青年五四奖章。廖竹生双手手腕先天畸形、无法伸直，但他自强不息，带头组建了当地首个残疾人创业团队。"我从不认为比任何人差，我的全身都充满了力量。"廖竹生说。在廖竹生的成长之路上，他克服了重重难题，从简单的吃饭洗衣到能熟练掌握各种办公软件，从使用电脑，到软件运用，再到开淘宝店，激发了他的生命之光，燃起了他创业的梦想。他认真学习，思考互联网时代具有的商机，在专业人士的指导和帮助下，组建团队，创办了自己的工作室，开网店，搞直播，承包脐橙园。从连累家人的"拖油瓶"到年入近十万的"励志哥"。"青春不仅要奋斗，更要成为照亮他人的火炬。"廖竹生在自己迈向更好的生活时，始终不忘帮助身边的残疾朋友和困难群众，现如今成了残疾朋友创业致富的榜样，以及广大青年人奋斗事业的标杆。

（资料来源：《赣南日报》2021年11月22日）

苏炳添
奋发冲刺，突破自我

 导 语

苏炳添，1989年生，广东中山人，中国男子短跑运动员，暨南大学体育学院副教授、硕士生导师。作为运动员，他是男子60米、100米亚洲纪录保持者，曾获东京奥运会男子4×100米接力铜牌。2022年，获颁"感动中国2021年度人物"。

曾有人问："100米短跑提高0.1秒有多难？"苏炳添直接回应："那太难了！0.1秒可厉害啦，提高0.01秒都有点难。我从9.99到9.91（提高0.08秒）用了三年时间吧。"可见，苏炳添多么努力才能站在奥运会总决赛的舞台上。苏炳添能有今天的成就他自己都想不到，因为曾经的他是父母眼中的"坏小孩"。

"追风少年",创造历史

　　1989年,苏炳添出生在广东省中山市,父母都是农民,苏炳添从小就在泥地里到处跑。苏炳添从小跟表哥蔡建发一起玩、一起长大。表哥上学后,因为跑得快,在镇里的比赛中拿到了第一名,获得了家人和邻居的夸赞。于是,表哥就成了苏炳添的榜样,追上表哥也成了他唯一的目标。上初中时,苏炳添主动申请加入学校的田径队。苏炳添在体育课上向来都是活跃分子,弹跳力和瞬间爆发力很强,教练杨永强看到他的这些优势,同意把他带入田径队训练。

　　2004年11月,15岁的苏炳添第一次参加中山市中学生田径比赛,就以11秒72的成绩夺得第一,成为轰动一时的"追风少年"。之后他又被选拔进了省队、国家队,成绩突飞猛进。2011年的全国田径锦标赛上,他以10秒16夺冠打破了周伟保持13年之久的全国纪录。之后的两年,苏炳添一直雄踞中国男子百米第一的宝座。而对于这些成绩,苏炳添并没有感到满足,因为他要向国际水平挺进。2021年8月1日,他的身影出现在东京奥运会男子百米决赛的跑道上。起跑线前的8位选手中,他是唯一一个黄皮肤。此前的半决赛,他以9秒83的成绩获得小组第一,创造个人最好成绩,大幅刷新亚洲纪录。中国人第一次挺进奥运男子百米决赛!苏炳添,一举创造了历史!

勤能补拙，事在人为

在田径圈，公认的黄金身高在1.85米左右，比如加特林1.85米，鲍威尔1.88米。而苏炳添只有1.72米，没有明显的身体"天赋"。早在中学时，老师曾带他几次去市体校，但都没有被教练看中，因为"觉得他身材太矮，将来没有发展空间"。然而苏炳添日复一日，认真，专注，把每一次训练做足，做好。教练袁国强曾这样评价："他是我带过的最自觉的队员。一年来，在训练场地上他只要出现在我的视线范围内，就绝对是在训练，从不偷懒。"作息规律，按时起床睡觉，从不抽烟喝酒，即便在家庭聚会上也不吃禁忌食物，即便在外参加活动也会坚持做基本训练……苏炳添一次次打破纪录的背后，是一个关于勤奋的、经年累月的"漫长"故事。苏炳添坚信：困难不会拖垮自己，压力反而使自己更加强大。他还曾说过："我希望自己成为一个永远追求进步的人。在短跑中，成绩很容易变化，有时候我们赢了比赛，也不代表我们就成了一流选手。我们必须时刻保持谦虚，不断努力。"

突破自我，挑战极限

在半决赛前，苏炳添面对镜头，把大拇指和食指摆出一个"一厘米"的手势，有网友调侃这是"拿捏得死死的"。后来接受采访时苏炳添说,其实就是想提醒自己"进步一点点就好"。一点点,哪怕是0.01秒,背后都是千难万难,是精雕细琢,是全力突破。2014年,他以偶像刘翔为参考,调整了起跑脚;2018年,他改变了摆臂动作,尝试改善脚掌落地后的发力——那时,他已经29岁了。

百米10秒是黄种人的极限,苏炳添第一个冲进10秒大关,百米半决赛就是亚洲人的决赛。他成为进入电子计时时代的首位亚洲选手。更快,更高,更强,"老男孩"苏炳添做到了,他的不懈坚持,突破自我、挑战极限,正是中国人对体育精神的最佳诠释。

苏炳添提醒自己"进步一点点就好"

重新站上了亚洲之巅后,苏炳添仍不停止对自己的极限探查。每天训练结束后写训练日记,记录训练细节、总结训练成果。用皮尺测量起跑器前后脚的距离和角度,应用高科技设备记录跑动中的姿态,通过数据调整出最佳奔跑姿态。保持"枯燥"的作息规律,早上7点起床,晚上11点就寝,中午要睡一小时午觉。不断磨炼比赛细节,一点一滴地坚持和行动,最终铸就了9秒83的辉煌成绩。

 拓展阅读

中国人的奥运百米赛道:从刘长春到苏炳添

短短的奥运百米赛道,站在起点的刘长春和苏炳添,中间隔了89年。

中国人,代表中国参加奥运会,现在看来自然是理所当然。但在国弱民衰的1932年,却是障碍重重的奢望。

1932年7月,第十届奥运会将在美国洛杉矶举办,当时的中国体育协会向奥组委发出申请,并决定派遣刘长春和于希渭代表中国参加洛杉矶奥运会。

奥运之行在艰难筹备中,张学良个人资助八千大洋,解决了中国奥运代表团的费用问题。原定参与奥运的另一位运动

员于希渭，却被日军阻拦而未能成行。最终，刘长春孤身一人作为中国运动员代表，第一次站在奥运赛场上。

刘长春走在前头，后面一人是中国官方代表沈嗣良。跟随的四人里，一人是教练，三人是旅美华人，这是以壮声势的举措。

刘长春当时被誉为中国的"短跑大王"，10.8秒是他曾经在国内创下的全国纪录。但是在前一天刚结束21天海上漂泊，刘长春已经难以发挥出真正的水平，最终以第五名成绩止步小组赛。

89年后的2021年，中国代表团777人以豪迈的姿态驰骋日本东京奥运赛场。在令刘长春抱憾的奥运会男子百米赛道上，苏炳添以9.83秒创造了属于中国人乃至亚洲人短跑的历史。

89年前刘长春临行时，《大公报》写道："我中华健儿，此次单刀赴会，万里关山，此刻国运艰难，愿诸君奋勇向前，愿来日我等后辈远离这般苦难！"

89年后的后辈苏炳添创造了历史，因为他站上了完全不一样的起点，因为中国站上了完全不一样的起点。

（资料来源：央视网2021年10月4日，【中国故事·百米勇争先】89年前"奥运苦难"：国运艰难 健儿苦难）

邓小燕
奋斗青春，携农致富

 导 语

  邓小燕，1989年生，中共党员，现任四川省广元市剑阁县东宝镇双西村党支部委员、村委会委员，广元耕鑫农业有限公司总经理。带领村民种植优质水稻1.1万亩，覆盖8镇19村，带动728户2356名群众年均增收1.2万元。带领村民建成年出栏量2400头、年产值350万元的生猪藕田循环种养殖场和特色水果产业园。先后获"四川省优秀共产党员""全国农村青年致富带头人""全国巾帼建功标兵"等荣誉称号。2023年5月，荣获第27届"中国青年五四奖章"。

  邓小燕毕业之后在沿海找到了一个工作，但她一直挂念着家乡发展，几年之后，她选择辞去工作，返乡创业。

第四编　自信自强，守正创新

重整旗鼓，坚持不懈

邓小燕的家乡因充足的光照、宜人的气候，得天独厚的土壤条件孕育着一种大米，名叫"东宝贡米"，这种大米自唐朝时期就已经是贡米。但是由于山远地偏，"东宝贡米"被埋没在村镇当中，没能带来很好的收益。邓小燕认为家乡的这种米有着悠久的历史，就是自带"流量光环"。"这么好的米，不能就这样困在大山里。"邓小燕决定包下田地种植东宝贡米，为贡米扩大销路。

然而，返乡创业之路却不是一帆风顺。在创业第一年，邓小燕引种越年再生稻100亩，可事与愿违，之前工作攒下的钱全都亏了，还欠下了不少债。"一个没下过地的女娃娃，怎么种得好水稻呢？"一些村民都不相信邓小燕。面对这些质疑的声音，邓小燕几度想放弃，最终还是咬牙坚持了下来，"既然选择了这条路，不管有多艰难，也要走完。"

邓小燕总结之前失败的经验，归根结底是不熟悉水稻技术和管护。于是，邓小燕四处奔走，考察学习水稻种植经验，她还邀请专业人员对东宝镇的土壤、水质、气候等进行专业分析，在专家的指导下，邓小燕选择了最适合这里的水稻品种——川优6203，并严格按照标准种植贡米有机稻。这些贡米一经包装上市便成为市场畅销货。2016年，邓小燕成立了广元耕鑫农业有限公司，凭借自己在沿海工作中学到的企业运营管理知识，采用以"土地流转＋土地入股+订单回购"生产利益联结模式,在东宝镇双西村、新梁村、武连镇寨桥村等地开展规模化种植,统一品种、统一管护、统一防治、统一收购,打造了独特的贡米品牌。邓小燕突破传统销售大米的思路,将贡米销售与新媒体手段结合起来,借用"互联网+"思维,开了多个电商平台店铺,组建专业销售团队,通过线上线下融合销售模式,将东宝贡米推向全国市场。

方法创新,携农致富

邓小燕依托东宝贡米,打造产业链。通过"农业产业扶贫+厨房新零售+电商"模式提供水稻种植线下体验,打造"贡米文化康养旅游"项目,举办"插秧节""打谷节",开展"爱心认购""体验购买""乡村玩乐"等活动,不仅吸引了游客,还提高了当地特色农产品的销量,村民们的收入也因此增加不少。"以前我们自己卖谷子每斤1元左右,小燕给我们的价格都是2元。"双西村村民说道。

2022年6月,剑阁

邓小燕通过直播推销家乡特产

县枇杷、李子、梨子等水果迎来了大丰收，然而，由于大量水果上市集中，出现了滞销。村民们向邓小燕求助，邓小燕立即组织团队连夜拍视频、搞宣传，在朋友圈、直播间带货，成功卖出枇杷 2.5 万公斤，帮助剑阁县、凉山州昭觉县、巴中市等地销售 10 余万公斤李子。"要立足剑阁，走出广元，走向全川。"如今，在邓小燕带货的直播间，可以看到来自四川各个地区 60 余款的农特产品，每年销量高达 5000 余吨。邓小燕与遂宁、内江、乐山等多地合作，打造直接供应链，帮助当地村民销售农特产品，让农民真正从中受益。

慷慨解囊，守望相助

邓小燕不仅带领村民们增加收入，还在生活上帮助条件困难的人们。2020 年，她以购代扶采购凉山州布拖县土豆 10 万余斤，给贫困留守儿童送去价值 10 余万元的生活学习用品。2022 年 7 月，她又向凉山州昭觉县地莫乡中心小学送去 800 套桌椅。在双西村她还资助了一位智障女孩，每个月都给她送米面和衣服，那个女孩亲切地叫她"小妈妈"。

2023 年 5 月，邓小燕获中国青年五四奖章。邓小燕说："很荣幸能成为青年榜样，希望越来越多的年轻人参与乡村振兴，为农村提供人才支撑，为农产品赋能、新农村赋能，推动农业农村发展。"在邓小燕的影响下，越来越多的年轻人回到家乡当"新农人",他们有着坚定的信念,用自身的智慧、专业的知识、勤劳的双手带动当地的经济发展,用新视野、新理念、新方法、新模式助力乡村振兴。

青春由磨砺而出彩,人生因奋斗而升华。邓小燕说:"青春,就是要奋斗。为自己的家乡奋斗,更是种幸福!"

 **拓展阅读**

陈开敏:以茶助农,勤劳致富

陈开敏,江西上饶90后"新农人",2015年大学毕业后返乡自主创业,在江西省赣州市上犹县梅水乡园村茶园基地,办农庄开网店,利用互联网技术销售茶叶,打造茶香民宿。陈开敏积极发展上犹绿茶制作工艺,成立了上犹绿茶制作工坊。该工坊作为"非遗"扶贫就业工坊,帮助不少村民脱贫致富。陈开敏利用自身专业优势,推出了"上犹绿茶+互联网私人订制"模式,针对高端的企业订制客户,采取茶园基地可视化管理。链接周边贫困户做到对茶树种植有机化、标准化管理,提升茶叶品质,并形成一种"高端客户+企业+贫困户"的产业扶贫模式。"希望可以依托实践创新基地,充分发挥平台优势,让更多的'新联会'成员和年轻人更好更快地投入到乡村产业发展中去,让大家在家门口就能有创业当老板的机会。"陈开敏说。

图书在版编目（CIP）数据

做堪当新时代重任的接班人.第二辑:青年版/《做堪当新时代重任的接班人》编写组编.-- 南昌:江西人民出版社,2024.2
（新时代爱国主义教育丛书）
ISBN 978-7-210-15421-1

Ⅰ.①做… Ⅱ.①做… Ⅲ.①爱国主义教育—中国—青年读物 Ⅳ.① G647-49

中国国家版本馆 CIP 数据核字（2024）第 039334 号

做堪当新时代重任的接班人　第二辑　青年版
ZUO KANDANG XINSHIDAI ZHONGREN DE JIEBANREN DI-ER JI QINGNIAN BAN
《做堪当新时代重任的接班人》编写组　编
尹文旺　撰稿

策　　　划：梁　菁　黄心刚
责 任 编 辑：王醴颉
封 面 设 计：王梦琦

江西人民出版社　出版发行
Jiangxi People's Publishing House
全国百佳出版社

地　　　址：江西省南昌市三经路 47 号附 1 号（330006）
网　　　址：www.jxpph.com
电 子 信 箱：jxpph@tom.com
编辑部电话：0791-86895309
发行部电话：0791-86898801
承　印　厂：南昌市红星印刷有限公司
经　　　销：各地新华书店

开　　　本：880 毫米 ×1230 毫米　1/32
印　　　张：5
字　　　数：120 千字
版　　　次：2024 年 2 月第 1 版
印　　　次：2024 年 2 月第 1 次印刷
书　　　号：ISBN 978-7-210-15421-1
定　　　价：20.00 元
赣版权登字 -01-2024-88

版权所有　侵权必究
赣人版图书凡属印刷、装订错误，请随时与江西人民出版社联系调换。
服务电话：0791-86898820
敬启：本书在编写过程中选用了一些公开发表的作品，因客观原因我们无法与部分作者取得联系，还请相关作者尽快与我社联系，我社将奉寄稿酬和样书。